Rosina-Fawzia Al-Rawi
DER RUF DER GROSSMUTTER

Bibliografische Information der Deutschen Bibliothek
Die Deutsche Bibliothek verzeichnet diese Publikation in der
Deutschen Nationalbibliografie; detaillierte bibliografische
Daten sind im Internet über http://dnb.ddb.de abrufbar

5., unveränderte Auflage 2007

© 1996 Promedia Druck- und Verlagsges.m.b.H., Wien
Alle Rechte vorbehalten
Umschlaggestaltung: Gisela Scheubmayr
Lektorat: Erhard Waldner
Druck: AZ Druck und Datentechnik GmbH
Printed in Germany
ISBN 3-85371-110-3

Fordern Sie einen Gesamtprospekt des Verlages an bei:
Promedia Verlag, Wickenburggasse 5/12
A-1080 Wien, Fax: 0043/1/405 715 922
E-Mail: promedia@mediashop.at
Internet: http://www.mediashop.at

Rosina-Fawzia Al-Rawi

Der Ruf der Großmutter

oder die Lehre des wilden Bauches

PROMEDIA

Die Autorin

Rosina-Fawzia Al-Rawi ist Arabistin und Ethnologin. Ihre Kindheit verbrachte sie im Irak und im Libanon, später studierte sie an den Universitäten von Kairo und Wien. Al-Rawi ist Mutter von zwei Kindern; sie lebt in Jerusalem/Al Quds und Wien, wo sie auch Kurse in Bauchtanz abhält. 2007 erschien die 2. Auflage ihres Buches „Zwischen Tisch und Diwan. Ein orientalisches Kochbuch".

Inhaltsverzeichnis

Vorwort 8

Wie alles begann

Die Quelle der Kindheit 11
Der Ruf der Großmutter 13
Hab keine Angst, Schwester 15
Die sehenden Füße 15
Guten Morgen, Geheimnis 16
Die Geschichte des Gebens und Nehmens 17
Die Zauberküche 19
Im Garten der großen Gedanken 20
Der andere Garten 21
Großvater, der stille Krieger 24
Der Tanz des Herzens 25
Oh, der Ball! 28
Die Welt der Frauen 31
Das Blut fließt 33
Das große Fest 35
Meine neue Welt 36

Die Geschichte des Frauentanzes

Der Frühmensch und der Tanz 39
Der Tanz in den ersten Hochkulturen 47
Die Griechen und der Tanz 48
Die Römer und der Tanz 49
Das Christentum 51
Das Mittelalter 52
Die arabisch-islamische Welt 55
Das Bürgertum 60
Das Industriezeitalter 62
Die Jetztzeit 64
Mutter Bauch 68
Hymne an den Tanz 70

Der Bauchtanz 75
Bedeutung und Sinn des Bauchtanzes 79

Von Kopf bis Fuß

Trage dein Haupt wie eine Königin 85
Das Meer der Seele 90
Das Tor zur Seele 96
Bringe mich, oh Duft, über die Grenzen an meinen Ursprung zurück 105
Die Schlangen im Wind 115
Das Geben ist die Quelle des Nehmens 120
Der Hauch des Göttlichen liegt in deiner Brust 125
Stolz auf den Schultern ruht die Demut 131
Wenn deine Hüften kreisen, schwingt das ganze Universum mit 136
Im Becken harrt die Schlange der Spontaneität 143
Voll wie der Mond, weich wie die Wolken im Wind 149
Die Säulen des Tempels 155
Halte meine Füße, oh Mutter, und gib mir Kraft 159

Varianten des Bauchtanzes

Der Bodentanz 163
Der Stocktanz 167
Der Schleiertanz 169
Gehen und Drehen 172

Rituale

Der Menstruationstanz *rahil* 183
Der Hochzeitstanz 185
Geburtstanz 187
Der Trance-Tanz 194
Der Klagetanz 197

Epilog 199

Literaturverzeichnis 205
Anmerkungen 206

Meiner Großmutter in Liebe und Verehrung ...

... und Noora I. Gröger in Freundschaft und Dankbarkeit

Die Frau ist die Hüterin und Gastgeberin auf Erden. Selbst Trägerin von Leben, steht sie der Geburt und dem Tod, somit dem Leben und der Erde am nächsten. Dieses Zwischen-Sein, das Leben selbst, ist der wahre Raum der Frau.

Vorwort

Ein Buch über den Bauchtanz zu schreiben, wirft die Frage auf: Womit beginnen? Ich verbinde mit diesem Tanz so viel persönliche Geschichte, daß ich bis in meine Kindheit zurückgreifen muß, um ein ganzheitliches Bild aufzuzeichnen. Dieser Tanz ist für mich längst eine Lebenseinstellung, das Symbol meines Lebensbewußtseins geworden. Vieles von dem, was ich im Laufe meines Lebens gesehen und erlebt habe, mündete in den Tanz. Er war – und ist – ein treuer Begleiter in all meinen Lebensphasen. Beim Tanzen schwingen sämtliche Erfahrungen und Erlebnisse mit, die ich als Mädchen, als Frau und als Mutter gehabt habe. All der Menschen und besonders der Frauen, die mein Leben prägten und prägen, erinnere ich mich im Tanz. Der Tanz wächst mit mir, wie ich als Mensch und Frau wachse, und jedesmal, wenn mein Körper mich ruft und die Sehnsucht mich überkommt, tanze ich im Augenblick, im intensiven Moment des Seins. Doch es ist jedesmal anders, und jeder Tanz ist vollkommener als der vorangehende.

Bauchtanz ist eine Kunst, und wie jede Kunst besteht er aus drei Faktoren: aus der Theorie, der Praxis und dem Herzen, ohne welches keine Kunst bestehen kann. Ich möchte mich vor allem dem ersten und dritten Aspekt des Tanzes widmen, da diese beiden oft vernachlässigt oder ganz ignoriert werden. Die Praxis des Bauchtanzes jedoch ist zum Großteil eine individuelle, aus der jeweiligen Persönlichkeit gewachsene Intuition und Schöpfung, deren Meisterin das Leben selbst ist.

Ich möchte den Tanz des Bauches aber auch von seiner historischen Seite her beleuchten und aufzeigen, wie die seit Jahrhunderten überlieferten Bewegungen auf die einzelnen Körperteile und auf die Psyche wirken, welchen tieferen spirituellen Sinn sie beinhalten sowie zu welchem Zweck und Heilungsprozeß die einzelnen Bewegungen dienen.

Man kann dem Bauchtanz entgegenhalten, daß er aus einer dem Westen fremden Kultur stammt und daher für Frauen aus dem westlichen Kulturkreis nicht geeignet ist; doch gerade dieser Aspekt kann zusätzlich bereichernd wirken, abgesehen davon, daß der Bauchtanz dem weiblichen Körper allgemein entspricht. Die Erfahrung der fremden Bewegung ist dazu angetan, die kulturelle Normierung des eigenen Körpers aufzubrechen. Mit dem Erlernen dieser Tanzform werden gleichzeitig neue Körperweisheiten und Ritualisierungen erlernt und dadurch die eigenen kulturbedingten Disziplinierungen, Verdrängungen und Blockierungen körperlich erfahrbar. Neue Wahrnehmungswelten erschließen sich, die die im Körper abgespeicherten Erinnerungen sprengen und eine spielerische Körperlichkeit, ein spielerisches Selbst ermöglichen. Dieser Tanz kann dazu beitragen, die eigene Identitätssuche als Frau und Mensch im Dschungel verinnerlichter Frauenbilder ausfindig zu machen, und einen Selbsterfahrungsprozeß einleiten, der jenseits der sozialen Geschlechterzuweisung und Rollenverteilung mithilft, die eigenen Bedürfnisse und Wünsche zu erkennen und zu verteidigen.

Die in den Körper eingeschriebene Lebensgeschichte ist im intensiven Augenblick des Tanzes wiedererlebbar und verstehbar. So bildet der Bauchtanz für Frauen, angesichts einer recht unsicheren und zweifelhaften Zukunft, eine inspirierende Insel und eine Möglichkeit, sich zu sammeln und zu kräftigen, um die eigenen Wünsche wacher und klarer aufzunehmen.

Der Bauchtanz lehrt dich eine Haltung; ein neues Dich-Öffnen, jenseits von blinder Nachahmung. Er soll ermutigen und inspirieren und die Möglichkeit schaffen, dich selbst tiefer kennenzulernen. Er ist Freizeitvergnügen und Lebensauffassung in einem, und alles hängt davon ab, wie er gelehrt wird und warum.

Dieses Buch dient als Handbuch auf der Reise zu dir selbst, zu neuen Perspektiven und Lebensauffassungen und zum tieferen Verständnis des Tanzes. Es soll dich zu neuen Wegen der Selbsterkenntnis inspirieren und dir die Möglichkeit bieten, deinem Körper näherzukommen. Es soll auch als Brücke zu größerem Verständnis und zu mehr Achtung gegenüber Frauen aus anderen Kulturen dienen.

So ist dieses Buch, das ursprünglich als etwas viel Bestimmteres geplant war, zu einem aus verschiedenen Fäden gewebten Teppich geworden, auf dem dieser Tanz stattfindet.

Bei den Erzählungen mag man sich wundern, was sie mit dem Bauchtanz zu tun haben. Doch sie haben! All diese Erlebnisse und Erfahrungen bilden Teile der Fäden des gewebten Teppichs, auf dem mich meine Großmutter zum ersten Mal hat tanzen lassen. Und all diese Erlebnisse und Gedanken verwendete sie, um mich für diesen Tanz, für mein Mensch- und Frausein zu formen.

Da der Bauchtanz vor allem das Kreisen beinhaltet, beginne ich mit einem Reigen, mit einem Kreis von Geschichten, die wie kleine Sterne auf dem großen Rund aufblitzen und den Kreis ausfüllen ...

Wie alles begann

Die Quelle der Kindheit

Wenn ich mich an meine Kindheit zurückerinnere, erscheinen mir vier Menschen am klarsten vor meinem inneren Auge: meine Großmutter, mein Großvater und die beiden Säulen meiner Kindheit, Amina und Adiba.

Wir lebten in einem großen zweistöckigen Haus in Bagdad in der Nähe des Flusses Tigris. Im Erdgeschoß befand sich ein breiter Gang, von dem aus man nach links und rechts Räume betreten konnte. Meine Eltern, mein Großonkel und ich hatten hier unsere Schlafzimmer. Ein riesiger Gemeinschaftseßraum, zwei Lagerräume für Nahrungsmittel und andere geheimnisvolle Dinge, ein Gästezimmer, eine Waschküche, ein Waschraum und die Küche machten das Erdgeschoß komplett. Meine Großeltern schliefen im ersten Stock. Dort hatten auch meine Tante mit ihrem Mann und ihrer Tochter sowie mein jüngerer Onkel und Adiba, eine Cousine meiner Großmutter, ihre Schlafräume. Die offiziellen Empfangsräume konnten separat über einen äußeren Treppengang betreten werden, und wenn Geschlechtertrennung notwendig war, wurde der Gang durch Trennwände geteilt. Unser Gemeinschaftsraum lag genau in der Mitte und konnte von allen Schlafräumen aus betreten werden.

Auch Amina lebte mit uns, eine alte Frau, die meine Großmutter als junges Mädchen zufällig in einem Spital kennengelernt hatte. Amina hatte sich mit siedendem Wasser das Gesicht und den ganzen Körper bis zur Verstümmelung verbrannt. Meine Großmutter fühlte Mitleid mit ihr, nahm sie mit nach Hause und pflegte sie, und da Amina niemanden sonst auf dieser Welt hatte, blieb sie bei uns. Dies war der Kern der Familie; ansonsten gab es ein reges Kommen und Gehen naher und ferner Verwandter sowie vieler Freunde.

Ich erinnere mich, mit meiner Großmutter kaum Worte gewechselt zu haben, doch wenn sie sprach, umhüllte ihre Stimme mich mit Autorität. Sie war eine ernst blickende Frau, deren Augen alles sahen und scharf beobachteten. Man konnte nichts vor ihr verheimlichen. Blitzschnell begriff sie jede Situation und konnte die Menschen anhand ihrer Körpersprache einschätzen. Ich hatte als Kind großen Respekt und etwas Angst vor ihr. Wann immer sie mich rufen ließ, wußte ich, daß dies mit einer Prüfung verbunden sein würde.

Mein Großvater hingegen war für mich das Sinnbild einer großen Seele. Seine Bewegungen glichen denen eines alten, weisen Panthers. Er war in der ganzen Region für seine Gastfreundschaft bekannt, und er besaß den Ruf, der beste Reiter seiner Zeit gewesen zu sein – beides wertvolle Eigenschaften in einer beduinengeprägten Gesellschaft, trotz Seßhaftigkeit und Modernisierung.

Adiba war eine kleine, rundliche Frau. Ihr Augenlicht war schwach, und Eitelkeit verhinderte, daß sie eine Brille trug. Sie kniff immer ihre Augen zusammen. Dies verlieh ihrem Gesicht einen merkwürdigen Ausdruck. Adiba nahm die Dinge des Lebens durch ihr sanftes Herz auf. Ihre fast weise Unschuld war ansteckend, sie verstand die Welt der Kinder besser als jene der Erwachsenen. In ihrer großen Brust barg sie alle Geheimnisse der Familie.

Amina wirkte allein schon durch ihr Aussehen wie ein Wesen aus einer anderen Welt. Aus ihrem durch Brandwunden stark verunstalteten Gesicht strahlten zwei dunkle Punkte hervor, die als Augen zu erkennen waren. Doch wehe dem, der diese Punkte unterschätzte! Wenn man sich die Zeit nahm – und als Kind ist man zeitlos –, in diese Augen zu blicken, öffnete sich vor einem ein unendlicher, dunkler Ozean, der einen mitriß und in eine Welt jenseits der menschlichen Grenzen versetzte, hinein in den Urschaum, wo, am Strand namens Sein, Leid und Glück Hand in Hand gehen. Aminas Körper war so zierlich, daß er kaum imstande war, diese Augen zu tragen. Wenn sie irgendwo saß, paßte sich ihre äußere Gestalt so sehr an die Umgebung an, daß man sie auf den ersten Blick oft gar nicht wahrnahm. Amina war das ruhigste Wesen, das mir in meinem ganzen Leben begegnete, doch innerlich trug sie den Rhythmus des ganzen Universums.

Der Ruf der Großmutter

Meine Großmutter beobachtete mich oft von ihrer Bank aus, auf der sie im Schneidersitz ruhte. Stundenlang saß sie da, ohne sich zu bewegen, während alle im Haus zu ihr kamen und sie um Rat baten oder ihre Befehle entgegennahmen. Sie war eine stolze, von unsichtbarer Kraft durchdrungene Frau.

Eines Tages rief sie mich zu sich. Ich kam und sah eine Tafel neben ihr stehen. „Komm, setz dich zu mir. Ich möchte dir eine alte Kunst beibringen. Nimm diese Kreide in die Hand", sie legte sie mir zwischen Daumen und Zeigefinger, „nun forme einen Punkt und konzentriere dich mit deiner ganzen Kraft auf diesen einen Punkt. Er ist der Anfang und das Ende. Er ist die Essenz und die Einheit, der Nabel der Welt." Immer wieder formte ich diesen Punkt, und immer wieder sagte meine Großmutter: „Konzentriere dich mit deinem ganzen Sein auf diesen Punkt und laß ihn aus dir fließen, bis du weißt, wer wirklich diesen Punkt formt, bis es zwischen dir und diesem Punkt keine Grenzen mehr gibt." Ich verstand nicht ganz, was sie damit meinte, und es widerstrebte mir, immer wieder dieses einfache Zeichen auszuführen, doch nach einer Weile merkte ich, wie meine Hand von alleine floß und sich immer mehr an diesen Punkt schmiegte. Ich verlor meine Gedanken, und nur mehr dieses eine Zeichen existierte für mich. Ich weiß nicht, wieviel Zeit vergangen war, als meine Großmutter sagte: „Jetzt geh und komm wieder, wenn ich dich rufe."

Am nächsten Tag rief sie mich wieder: „Komm, Fawzia!" Sie saß an ihrem üblichen Platz, und wieder stand die Tafel neben ihr. „Forme jetzt den ersten Buchstaben des arabischen Alphabets, das *alif*, einen senkrechten Strich; beginne von oben und führe ihn mit einer leichten Hand und deiner ganzen inneren Kraft nach unten. Laß diesen Strich so lang wie drei untereinander liegende Punkte sein." Wieder nahm ich die Kreide zwischen Daumen und Zeigefinger und formte das *alif*. „Das *alif* ist die erste Manifestation des Punktes", erklärte sie, „unvergleichbar mit jedem anderen Buchstaben und in jedem enthalten. Forme es mit Ehrfurcht, denn das *alif* ist die Sehnsucht des Punktes, sich zu zeigen. Durch die Sehnsucht des Punktes, über sich selbst hinauszuwachsen, entstand das *alif*. Und jeder Buchstabe in seinen verschiedenen äußeren Formen ist in der Essenz doch *alif*." Wie schwierig es doch für mich war, diesen einfachen Buchstaben zu formen! Ich wiederholte ihn so oft, bis ich das *alif* in allen Dingen sah. Es tauchte überall auf, wohin mein Blick auch schweifte. Ich spürte, wie mein Körper sich mehr straffte und zu einem lebendigen *alif* wurde. Meine Arme, meine Hände, mein Rumpf, meine Beine und Füße – alles zeigte sich als *alif*. Wie ein Strichmännchen wurde ich auf das Wesentlichste reduziert, klar und durchsichtig.

Wieder kam ein Tag, an dem mich meine Großmutter zu sich rief. Sie saß draußen im Garten auf ihrer Bank, ein Bein unter den Körper gelegt, während das andere den Boden berührte. „Stelle deine Füße fest auf die Erde und verteile dein Gewicht gleichmäßig auf beide Beine. Jetzt schiebe dein Becken einmal nach links hinaus und einmal nach rechts hinaus, als würdest du eine Schale formen. Halte jedesmal an, wenn du am äußersten Punkt angelangt bist, und wiege dich dann wieder über die Mitte entlang zur anderen Seite. So, jetzt komm und forme dieselbe Bewegung mit der Kreide auf der Tafel: ب. Erinnert dich diese Form an etwas?" „Es ist der zweite Buchstabe im Alphabet, Großmutter, nur der Punkt darunter fehlt." „Der Punkt ist der Anfang", erklärte sie mir, „aus ihm entstehen alle anderen Buchstaben. Er liegt darunter und das *alif* dazwischen: ب. Gemeinsam ergeben sie das Wort اب, einen der göttlichen Namen. Wenn du dich um dich selbst drehst oder mit dem Becken kreist, dann formst du den Punkt, den Ursprung. Aus dieser Form entstehen alle anderen Bewegungen, sie kommen alle aus diesem Punkt, aus dem Nabel auf deinem Bauch."

Es war spannend zu wissen, daß ich eine Quelle mit mir trug, der alles entstammte. Immer wieder betrachtete ich ehrfurchtsvoll meinen Nabel, diese nach innen gehende Spirale. Es gab mir ein Gefühl der Sicherheit und Geborgenheit, mit soviel Macht im Bauch herumzulaufen.

Hab keine Angst, Schwester

Ich beobachtete meine Großmutter Fawzia, diese faszinierende Frau, deren Name auch der meine ist. Sie ging gemächlich durch die Räume, und obwohl sie klein war, füllte sie den Raum mit ihrer Erscheinung aus. Ihr Kopf, hoch erhoben, lag ruhig auf den Schultern, ihre Haltung war stets offen und voller Mut. Eines Tages gestand ich ihr, daß ich Angst hatte, in der Nacht aufzustehen und zur Toilette zu gehen, da es so dunkel und die Toilette so weit weg war. Da erzählte sie mir von meinen Tanten, die, als sie klein waren, in der Nacht aus dem Haus zu einem weit entfernten Plumpsklo hatten gehen müssen. „Versuche untertags mit geschlossenen Augen dorthin zu finden, und du wirst sehen, daß du in der Nacht keine Angst zu haben brauchst. Der Unterschied zwischen Tag und Nacht ist wie das Öffnen und Schließen der Augen." Sie erzählte mir oft von anderen Mädchen oder Frauen und gliederte mich so immer wieder in die Kette der Frauen ein. Ich hatte dadurch das Gefühl, einer unsichtbaren Schwesternschaft anzugehören, die immer bestanden hat und ewig bestehen wird.

Die sehenden Füße

Wenn ich die Treppen unseres Hauses hinunterging, richtete ich immerfort meinen Blick auf die Stufen, um nicht zu fallen. Als mich meine Großmutter einmal dabei beobachtete, sagte sie: „Laß deine Füße für dich sehen, sie schützen dich vor dem Sturz viel besser als deine Augen! Taste dich mit den Zehen bis zu einer Stufenkante vor und gleite mit deiner Ferse entlang ihrer Wand hinunter zur nächsten. Setze dich in deine Mitte, in den Bereich unter deinem Nabel, und halte deinen Kopf aufrecht!"

Das machte Spaß, und ich war tagelang damit beschäftigt, als Königin die Treppen hinauf und hinunter zu gehen. Dabei spürte ich, wie meine Füße immer besser „sehen" konnten, wie die Sohlen immer aufmerksamer wurden, wie sie ein jedes Mal sinnlicher und sensibler reagierten, wie mein Vertrauen in sie wuchs und mein Gleichgewicht sich in den unteren Teil meines Körpers verlagerte.

Guten Morgen, Geheimnis

Jeden Morgen kurz nach Sonnenaufgang kam eine Beduinin zu uns und brachte in einem Korb, den sie anmutig auf dem Kopf balancierte, *gemar*, Büffelrahm, zum Frühstück. Wenn ich es schaffte, früh genug aufzustehen, rannte ich vor das Haus, um sie schon von weitem erspähen zu können. Sie faszinierte mich, wie sie so in ihrer schwarzen Tracht, erhaben und ruhig, die Straße entlang mit festen und sicheren Schritten immer näher kam. Ich wunderte mich, daß dieser Korb nie hinunterfiel und wie angegossen auf ihrem Haupt saß. Wenn sie ankam, nahm sie den Korb ab, begrüßte mich, und wir gingen gemeinsam zu meiner Großmutter ins Haus. Meine Großmutter begutachtete den Rahm und entschied die Menge, die wir für den jeweiligen Tag nehmen würden. Danach wurde Tee getrunken, und die Beduinin erzählte die neuesten Nachrichten. Dann stand sie wieder auf, stellte den Korb auf den Kopf und verließ uns. Meine Großmutter merkte, wie fasziniert ich von dieser Trageweise war, doch sie sagte nichts. Ich beschloß, hinter das Geheimnis zu kommen. Am nächsten Morgen wartete ich schon ungeduldig auf die Beduinin. Wieder kam sie geschmeidigen Schrittes die Straße entlang auf mich zu, und bevor wir hineingingen, flüsterte ich ihr zu: „Verrate mir das Geheimnis: Wie kannst du den Korb auf dem Kopf tragen, ohne deine Hände zu verwenden?" Sie lächelte mich an, nahm den Korb herunter und zeigte mir einen Stoffring, der mir bis dahin noch nie aufgefallen war. „Da ist die Erde, dann komme ich, dann der Ring, danach der Korb und dann der Himmel!" „Wo ist dann das Geheimnis?" wollte ich wissen, doch mehr sagte sie nicht, und es blieb mir nichts anderes übrig, als sie weiterhin zu beobachten und in ihrer Kunst zu bewundern. Viel später erst erkannte ich den Wert meiner Beobachtungen und wo das Geheimnis wirklich lag.

Die Geschichte des Gebens und Nehmens

Als Mädchen trug ich das Haar lang, denn nach alter Beduinenüberlieferung glaubte man, daß der Sitz der Seele in den Haaren läge. Man legte großen Wert auf deren Pflege und schnitt sie nur im Notfall.

Jeden Morgen wurde mein Haar von zwei Tanten gekämmt. Ich saß dabei auf einem Schemel, während die Tanten links und rechts von mir Platz nahmen, mein Haar halbierten und gleichzeitig zu kämmen begannen. Die Prozedur war meist mit viel Geschrei meinerseits verbunden. Doch die Tanten ließen sich nie aus ihrem Rhythmus bringen und kämmten in Ruhe weiter, bis sie meine Haare zu zwei Zöpfen geflochten hatten. Dann wurde ich befreit, und der Tag konnte beginnen.

Es war damals in den 60er Jahren üblich, sich jeweils zwei verzierte tropfenförmige Goldgehänge, die am Ende eines Bandes hingen, in die Zöpfe zu flechten. Und es war mein sehnlichster Wunsch, solche zu besitzen. Eines Tages überraschte mich meine Großmutter mit diesen Gehängen; ich war überglücklich und stolz, endlich den lang ersehnten Schmuck ins Haar flechten zu können. Mit jedem Schritt klimperten die Gehänge sanft um meinen Kopf, und ich kam mir vor wie das auserkoreneste Geschöpf der Welt. Meine Freude war unübersehbar. Jeder im Haus freute sich mit mir.

Am Nachmittag desselben Tages waren wir bei Leuten eingeladen, die ich nicht kannte. Die Frauen des Hauses zogen sich an, schmückten sich, legten ihre schwarzen *abayas* – bodenlange, den Kopf bedeckende Schleier – um, und wir fuhren los. Voll Stolz trug ich meine neuen Goldgehänge. Als wir bei unseren Bekannten ankamen, begrüßte uns eine Schar von Frauen, und ich ging, vornehm meiner Großmutter folgend, in das Haus. Da tauchte ein etwas älteres Mädchen auf, trat zu mir und sagte: „Wie schön doch deine Goldgehänge sind!" Bevor ich irgend etwas antworten konnte, drehte sich meine Großmutter um und sagte: „Nimm sie ab und schenke sie ihr!" Ich traute meinen Ohren nicht. Ich sollte sie abnehmen, meine geliebten Goldgehänge, die ich soeben erst bekommen hatte? Das konnte nicht sein! Wut und Verzweiflung stiegen in mir auf, doch mir blieb nichts anderes übrig, als sie abzunehmen und diesem unbekannten Wesen zu geben. Ich mußte all meine Kraft aufwenden, um meine Tränen zurückzuhalten und mich daran zu hindern, meiner Großmutter oder diesem Mädchen an die Gurgel zu springen. Wie konnte meine Großmutter so gemein sein, wo sie doch genau wußte, wie sehr ich an diesen Goldgehängen hing! Den Rest der Besuchszeit nahm ich nur als dunklen Fleck wahr. Während die Frauen fröhlich miteinander plauderten, darunter natürlich auch meine Großmutter, saß ich still da, in meinen Schmerz versunken. Am Heimweg endlich sprach meine Großmutter: „Nur wer reich ist, kann geben, kleine Fawzia, und alles, was man gibt, bekommt man stets mehrfach zurück. Das Geben", dabei öffnete sie ihre Hand und streckte die Finger aus, „ist die Quelle des Nehmens." Sie schloß ihre Finger und legte sie in ihre Handfläche. Obwohl mich ihre Worte besänftigten, füllten sie doch nicht die Leere, die ich verspürte.

Fünfzehn Jahre später in Abu Dhabi, als ich am Rücksitz einer vornehmen Limousine neben einer Frau saß, die ich erst vor einigen Stunden kennengelernt hatte, überreichte diese mir einen kleinen Lederbeutel mit den Worten: „Das ist mir für dich gegeben worden." Überrascht nahm ich den Beutel entgegen und öffnete ihn. Ich traute meinen Augen nicht. Tränen übergossen mein Gesicht. In meinen Händen lagen die altvertrauten Goldgehänge. Sie sahen genauso aus, wie ich sie in Erinnerung hatte. Großmutter, Großmutter, wie bescheiden und reich du mich fühlen läßt! Möge Gott mir das Herz geben, nie zu vergessen, daß das Geben die Quelle des Nehmens ist.

Bis zum heutigen Tag bewahre ich die Gehänge auf, und eines Tages wird ein Mädchen kommen, dem ich sie in die Haare flechten werde, damit auch es ein Glied in der langen Kette des Lebens wird, des natürlichen Zyklus von Kommen und Gehenlassen.

Die Zauberküche

In unserem Haus in Bagdad gab es einen Raum, den kein Mann und kein Kind betreten durfte. Er war ein heiliger Ort für Frauen – die Küche. Meine Großmutter war die absolute Herrin dieses Raumes, und alle anderen Frauen gehorchten ihren Anweisungen. Wenn sie nicht anwesend war, nutzte ich die Gelegenheit, um in diesen geheimnisumwitterten und aufregenden Raum zu schleichen. Die Küche war dunkel, Frauen saßen am Boden, und jede war beschäftigt. Schrubbend, schneidend und zupfend füllten sie diesen Raum mit ihren Tätigkeiten. Ich sah ihnen über ihre Schultern, und sie lächelten mir freundlich entgegen, ohne ihre Arbeit zu unterbrechen. Immer stand ein großer Topf auf dem Feuer, aus dem Dampf emporstieg. Es duftete intensiv nach den verschiedensten Kräutern und Gewürzen. Keine Kerze, keine Gaslampe, keine Glühbirne brannte, nur das Tageslicht, das durch eine Öffnung hoch oben in der Mauer hereinblinzelte, erhellte den Raum ein wenig. Die Frauen arbeiteten faktisch im Halbdunkel, sodaß sie während der Arbeit alle ihre Sinne einsetzen mußten. Diese Dunkelheit, die dumpfen Geräusche, die Dämpfe und Düfte verliehen der Küche einen geheimnisvollen, fast unheimlichen Charakter.

Um die Mittagszeit hockte Amina neben dem Eingang ins Halbdunkel. Sie wirkte gebrechlich, als könnte ein Windstoß sie umwerfen. Immer war sie es, die als erste das Essen zu kosten bekam, und ich wurde oft gerufen, um es ihr zu bringen und sie zu füttern.

Amina war immer von Fliegen umgeben, die überall auf ihr saßen und sie umschwirrten, obwohl es sonst im ganzen Haus kaum Fliegen gab. Sie schienen sie in keiner Weise zu stören. Sie nahm sich nicht einmal die Mühe, sie zu verscheuchen. Stundenlang konnte ich ihr zusehen, wie sie da mit ihren Gefährtinnen hockte. Ich wunderte mich immer, woher diese Fliegen kamen und wieso sie immer bei ihr blieben. Wenn ich versuchte, sie zu verscheuchen, sah Amina mich mit ihren tränengefüllten sanften Augen an und sagte: „Kleine Fawzia, laß sie, auch sie hat Gott geschaffen!"

Wenn meine Großmutter die Küche betrat und im Dunst und Dunkel dieses Raumes fast verschwand, begutachtete sie die Arbeit der Frauen und erteilte verschiedene Anweisungen. Auch ich wollte gerne mitmachen, doch meine Großmutter vertrieb mich jedesmal mit den Worten: „Nein, du noch nicht, es ist zu gefährlich für dich!" Dies klang immer so ernst, daß ich nicht anders konnte, als ihr zu gehorchen. Einmal nahm ich meinen ganzen Mut zusammen und fragte nach dem Grund dafür, warum ich nicht helfen durfte. „Es ist der Ort, an dem die Dinge ihre Form verändern, wenn ihre Zeit gekommen ist. Sie nehmen dann eine andere Gestalt an; deswegen darfst du noch nicht hier sein, denn deine Zeit ist noch nicht gekommen." Wie so oft verstand ich nicht ganz, was sie meinte, doch ich akzeptierte es und hielt mich von da an von der Küche fern.

Im Garten der großen Gedanken

Die äußere Küchenmauer bildete einen Teil der Gartenmauer. Dort saß meine Großmutter. Der Garten selbst war fast quadratisch; entlang der Mauer standen Obstbäume, Palmen und andere, mir unbekannte Bäume. Ein Rosenbeet umgab die Anlage. Es war mit Ziegelsteinen eingesäumt. In der Mitte des Gartens wuchs ein Grasteppich.

Für mich stellte dieser Garten die wahre Welt dar, in der meine Träume und meine Phantasie beschützt wachsen und sich formen konnten. Im Grün zwischen den Mauern wuchs mein Verlangen nach dem Unendlichen, die Gier nach dem Dinglichen wurde hier gebrochen. In diesem geheimnisvollen Garten konnte ich mich spielerisch entdecken, ohne von der Außenwelt gestört zu werden. Ich fühlte mich hier von allen Seiten vollkommen beschützt. Der Himmel mit den spärlichen Wolken bedeckte meinen Garten mit einem sanften blauen Schleier, und aus der einen Ecke des Gartens ragte ein riesiger Baum hinauf, so hoch wie meine kühnsten Kindergedanken. Er war von verschiedenen Vogelscharen bevölkert, die sich hier trafen und ihre Melodien und ihr Gezwitscher untereinander austauschten. Der lauteste unter den Vögeln war stets der Kuckuck. Noch heute versetzt mich sein Ruf blitzartig in die Gedankenwelt meiner Kindheit.

Großmutter war die Wächterin des Gartens, den Großvater angelegt hatte. Jeden Tag kam er und sprach mit seinen Rosen. Unendlich zart und behutsam berührte er ihre Blätter. So viel Trauer lag in seinen

Gesten und so viel Sehnsucht. „Was immer dir dieser Garten schenkt, sollst du weitergeben", sagte er zu mir. Und der Garten schenkte mir viel: all die kleinen Besonderheiten, die hier lebten, die Käfer und Ameisen, die Vögel, die kamen und gingen und ihre Lieder zwitscherten, die Skorpione, die unter den Steinen lebten, und die Katzen, die umherschlichen. Sie alle zeigten mir, daß im Kleinen das wahrhaft Große lebt, und machten mich sensibel und aufmerksam für die kleinen Wünsche, aus denen der Stoff der großen Gedanken gewebt wird.

Hinter den Mauern unseres Gartens erstreckte sich ein weiterer Garten, der unseren Nachbarn gehörte, und hinter deren Mauern wieder einer. Die Kette der Gärten schien unendlich, und aus jedem Garten hörte man die Stimmen spielender Kinder. Bagdad erschien mir als eine Stadt der Kinder, ein Paradies, das speziell für die Kinder erschaffen worden war. Wenn ich die Kinder sehen wollte, stieg ich auf den Wandvorsprung, stellte mich auf die Zehenspitzen und lugte in Nachbars Garten. Dies war für mich spannender, als selbst hinzugehen, denn somit genoß ich beides: das Alleinsein und die Gesellschaft. Was ich liebte, war das Eins-Sein mit den sichtbaren und unsichtbaren Wesen. Besuche von außen erschütterten meine Welt. Und intuitiv wußte ich, daß ich eine kurze, schützende Periode erlebte, nach der ich bald in die laute Welt entlassen werden würde.

Der andere Garten

Aus einem der angrenzenden Gärten hörte ich eines Tages laute Rufe, die aus schier zahllosen Kindermündern kamen. Sie waren so laut und wild, daß ich zuerst nicht wissen wollte, wie es dort zuging. Doch einmal blickten zwei dunkle Augenpaare über die Mauer in meinen Garten. Ich spürte sie sofort und wandte ihnen meinen Blick zu. Sie gehörten einem etwas älteren Jungen, vielleicht sieben Jahre alt, und einem kleineren Mädchen. Sie winkten mir zu, ich sollte doch herkommen. Vorsichtig näherte ich mich. „Magst du nicht mitmachen? Wir spielen Himmel und Erde." „Wer?" fragte ich. „Wir alle, komm!" Wir alle, wer waren wir alle? Ich beschloß, der Sache nachzugehen, und ich fragte niemanden um Erlaubnis, um eine Konfrontation zu vermeiden. Also kroch ich mit Hilfe der beiden über die Mauer in den anderen Garten. Ich war so sehr mit dem Hinüberklettern beschäftigt, daß ich meine Umgebung erst wahrnahm, als ich mich mittendrin befand. Der Garten hier war ganz anders als unserer. Er war langgestreckt und verdiente den Namen Garten nicht ganz, da außer vier riesengroßen Bäumen, deren Spitzen sich hoch oben trafen und Schatten über die ganze Fläche verteilten, nichts in ihm wuchs. Der Boden war festgetreten und hart wie Stein. Eine für mich unendlich große Kinderschar stand mir plötzlich gegenüber und starrte mich an. „Wer seid ihr?" fragte ich stolz und ängstlich zugleich. Der siebenjährige Junge von vorhin antwortete: „Wir sind vor zwei Wochen in dieses leerstehende Haus eingezogen. Mein Name ist Ahmad, und wie heißt du?" „Fawzia!" Ich wollte schon meine halbe Ahnenkette anhängen, beließ es aber dabei, da auch er nur seinen Vornamen mitgeteilt hatte. Die Kinder wandten sich wieder ihrem Spiel zu, das aus in den Boden eingeritzten Quadraten bestand, in denen man auf einem Bein bis ans Ende der Quadratreihe sprang, sich dort schwungvoll umdrehte und wieder zum Ausgangspunkt zurückkam. Die Aufgabe war, dabei das Berühren der Quadratgrenzen zu vermeiden. Ich sah eine Weile zu. Das Spiel interessierte mich kaum, die Kinder jedoch schon. Sie waren alle barfuß und sahen recht verkommen und vernachlässigt aus. Den Kleineren rann der Rotz aus der Nase, was sie nicht zu stören schien, die etwas älteren Mädchen, vielleicht sechs- oder siebenjährig, trugen kleine Kinder auf der Hüfte und legten sie, wenn sie beim Spiel an der Reihe waren, auf den Boden. Dort weinten die Kleinen meist, bis sie wieder hochgehoben wurden. „Komm, ich zeige dir, wo wir wohnen", sagte Ahmad. Wo immer ich mich hinbewegte, traten die Kinder zur Seite und machten respektvoll oder auch ängstlich Platz. Ich war erstaunt und fragte mich, wieso so viele vor einem einzigen Menschen zurückwichen – aber ich war ja auch Gast, und bei dieser Erklärung beließ ich es.

Wir traten auf die Schwelle zu einem mosaikgepflasterten Innenhof, der von einem zweistöckigen Haus umgeben war. Die Luft darin war so dicht, daß mir für einen Augenblick der Atem stockte. Hier drinnen ging es zu wie in einem Bienenstock. Aus jeder Tür, aus jedem Fenster, ja aus jeder Ritze lugten Menschen heraus. Frauen mit Säuglingen und Kleinkindern auf dem Arm oder auf der Hüfte huschten durch den Innenhof, hängten Wäsche auf, kneteten Teig, säuberten

Reis, riefen einander mit lauten Stimmen Befehle, Schimpfworte oder Begrüßungsformeln zu. Ahmad sah mich an und sagte inmitten dieses Gewirrs mit sanfter Stimme: „Komm, dort drüben ist meine Mutter!" Wir gingen über den Hof auf eine auf dem Boden hockende Frau zu, die Teig knetete. Sie war mittleren Alters, hatte ihr schulterlanges Haar mit einem kleinen Kopftuch zurückgebunden und wirkte ausgelaugt, aber freundlich. Als sie uns sah, sprang sie auf, wischte sich die Hände an ihrem Kittel ab und verbeugte sich: „Welch eine Ehre! Bitte, bitte komm, setze dich!" „Die Ehre ist ganz meinerseits", sagte ich etwas verwirrt und nahm Platz. Ahmads Mutter wollte schon hineineilen und ihrer Gastfreundschaft Ausdruck verleihen, aber ich dankte ihr und bat sie, sich zu setzen. „Wieviel Familien wohnen hier?" wollte ich wissen. „In jedem Zimmer eine Familie, also ungefähr sechzig Familien. Wir sind vor zwei Wochen hier eingezogen, weil wir erfahren haben, daß dieses Haus leer steht, und wir werden hier bleiben, bis wir verscheucht werden." Mein Blick streifte Umm Ahmads prallen Bauch. Sie lachte schüchtern: „Ich habe sieben Kinder, gepriesen sei Allah! Viele, nicht wahr? Bestimmt hat deine Mutter nicht so viele?" Ich gab keine Antwort, denn ich wollte sie nicht verletzen. Ein Nein hätte bedeutet, daß meine Mutter nie verstehen könnte, in welcher schweren und aufgabenreichen Lage Umm Ahmad sich befand, und ein Ja hätte nicht der Wahrheit entsprochen. Ich blickte mich um und sah Mädchen in meinem Alter schon intensiv an der Hausarbeit beteiligt. Sie trugen Holz zum Kochen herbei, balancierten große Wäschekörbe, wuschen mit Besen und Schlauch den Boden auf und schienen schon sehr fern von ihrer Kindheit zu sein. Ihre Mütter betrachteten sie anscheinend als Arbeitspartnerinnen und Schicksalsgefährtinnen, und ihre Umgangsweise war einerseits schroff, andererseits sehr intim.

Plötzlich gab es großen Aufruhr im Garten, und ein Bote meiner Großmutter stürzte herein. „Hier bist du, Fawzia, und wir suchen dich überall verzweifelt! Deine Großmutter ist außer sich." Ich stand sofort auf und wollte gehen. „Du kommst wieder, nicht wahr?" fragte Umm Ahmad. „Ich komme wieder", antwortete ich, begleitet vom Kopfschütteln meines Boten.

Man empfing mich besorgt und streng, doch das war nicht wichtig. Ich hatte etwas verstanden, ich hatte ein neues Bild kennengelernt, ein Oben und Unten gesehen und einen anderen Garten erkannt.

Zwischen meiner Mutter und meiner Großmutter begann eine heftige Diskussion. Mutter war dafür, daß ich diese Welt näher kennen und verstehen lernte, Großmutter war für Abgrenzung. Doch ich war wenig davon berührt. Ob ich hinging oder nicht, war für mich nicht so wichtig, wie zu wissen, daß es Umm Ahmads und Ahmads gibt und daß ich für immer einen Platz in mir für sie behalte.

Großvater, der stille Krieger

Mein Großvater war ein großer Mann, dessen Kopf alle Anwesenden überragte, doch seine wahre Größe spiegelte sich in seiner Seele – ein wahrer Krieger, stolz und mit einem Herzen voller Demut und Bescheidenheit. Er war das Schwert der Familie und ihr begabtester Märchenerzähler, der unermüdliche Nahrungsbringer und ihr großzügigster Verschwender.

Es war üblich, daß wir uns täglich in der größten Mittagshitze für einige Stunden hinlegten. Wie in den meisten arabischen Ländern üblich, wurde diese Ruhezeit von zwei bis fünf Uhr nachmittags gehalten, und man betrachtete Besuche und andere Störungen zu dieser Zeit als große Unhöflichkeit.

Nachmittags erwachte die Welt der Märchen. Wie üblich legten wir uns auf Matratzen auf den Boden. Ich steckte meinen Kopf zwischen zwei dieser Matratzen, sodaß es dunkel um mich wurde. Und mein Großvater trug mich mit seiner warmen Stimme hinüber in die Welt der Dämonen, der Dschinns und all der anderen Fabelwesen. Er erzählte auch von stolzen und gewaltigen Frauen, ihren Stärken und all den Schwierigkeiten, denen sie immer wieder ausgesetzt waren, und wie sie dabei Mut, Vertrauen und List einsetzten, um sich selbst zu helfen. Seine Geschichten waren es, die mich zur Kriegerin machten und mir Mut gaben, zu wählen und zu fragen. All dies tat Großvater so leichtfertig und einfach, daß mir erst viel später bewußt wurde, welch großes Geschenk er für mich war.

Manche in der Familie fanden meinen Großvater etwas eigenartig, da seine Auffassung der Dinge nicht ganz der Norm entsprach. Doch gerade deswegen liebte ich ihn. „Streck deine Hände aus", sagte er einmal, „und sieh sie dir genau an!" Ich folgte und war gespannt, wohin er mich diesmal entführen würde. „Nun stelle dir vor, wie deine Hand zur Hand eines Säuglings wird, dann wieder zu der einer Greisin, und dann betrachte sie wieder so, wie sie im Augenblick ist!" Ich streckte meine Hände aus und hielt sie nebeneinander. Ich bemühte mich, seine Worte zu befolgen, doch es geschah nichts. „Es ist alles gleich, *giddi*, Großvater!" sagte ich. „Wahrlich, es ist alles gleich! Zwischen der Säuglingshand und der Greisenhand liegt das Schließen und Öffnen der Augenlider, mein Kind!" Er lächelte sanft, führte ein Glas Wasser an die Lippen und trank mit halb geschlossenen Lidern. „Wenn du etwas nicht verstehst, kleine Fawzia, dann warte und laß es ruhen. Du wirst erkennen, daß die Antwort zur richtigen Zeit aus dir herauswachsen wird, ganz so wie die Blumen in der Wüste. Sie ruhen dort lange und unsichtbar unter dem Sand, und wenn die Zeit des Regens kommt, sprießen sie ganz plötzlich hervor und bedecken die ganze Landschaft mit ihrer Pracht. Zum richtigen Moment entwickelt sich alles ohne Mühe; man muß nur aufmerksam und achtsam horchen, um den Moment zu erkennen, und dazu braucht es Vertrauen!"

Abends, wenn die ganze Familie zusammenkam und es laut und lebendig zuging, war mein Großvater der ruhende Pol. Er saß in entspannter Haltung auf seinem Diwan, vor sich auf einem niedrigen Tisch die übliche Joghurtschüssel mit feingehackten Gurken. Ich hatte immer das Gefühl, daß es die Joghurtschüssel war, die ihn vor völliger Auflösung bewahrte; er griff immer wieder danach, um nicht ganz zu verschwinden. Die ruhige, distanzierte und doch so liebevoll umsorgende Art meines Großvaters überließ mir die Position der Beobachterin. Allein durch seine Anwesenheit schärfte er meine Sinne und öffnete meine Haltung, sodaß ich möglichst alles aufnehmen konnte.

Der Tanz des Herzens

Wie jeden ersten Donnerstag im Monat füllte sich unser Haus mit Männern, die große Trommeln, *daffs* – Handtrommeln – und Zimbeln mitbrachten. Mein Großvater trug an solchen Tagen eine lange schneeweiße *djalabiya* – einen Kaftan – und eine silberumrandete schwarze *abaya*. Er wirkte noch größer als üblich und strahlte etwas Würdevolles, In-sich-Ruhendes aus; eine Ausstrahlung, die aus dem Wissen kommt, in Gottes Hände eingebettet zu sein. Bevor er zu den Männern ging, berührte er die Köpfe der anwesenden Kinder mit seinen Händen, die nach dem schweren Duft des Ambers rochen.

Große, Wohlgeruch verströmende Tabletts mit Reis, Rosinen, Mandeln, Pistazien, Erbsen, gerösteten Eiern und Fleischstücken wurden von den jungen Männern der Familie und deren Freunden in die Eßräume getragen und auf niedrigen runden Holztischen abgestellt. Der aufsteigende Dampf füllte alle Räume mit dem Geruch der Gewürze und des Rosenwassers. Das Nachmittagsgebet wurde gemeinsam gebetet, danach setzten sich die Männer zusammen und aßen. Die Frauen aßen gemeinsam in einem anderen Raum.

Am späten Nachmittag kamen weitere schwarzgekleidete Frauen und gesellten sich in den Raum, wo meine Großmutter saß. Es wurden Tee und kleine Süßspeisen serviert.

Nach dem Sonnenuntergangsgebet versammelten sich die Männer im größten Raum des Hauses. Er wurde mit Öllampen beleuchtet, und bevor er benutzt wurde, hatten die Frauen ihm mit dem besten Weihrauch aus dem Jemen Wohlgeruch verliehen. Entlang der Wände standen dicke Matratzen mit Polstern darauf, auf denen die Männer saßen. Am einen Ende des Raumes nahm mein Großvater gemeinsam mit dem Mullah Platz. Der Mullah begann mit lauter, tiefer Stimme den Koran zu rezitieren, den Propheten zu preisen und zu loben.

Die Frauen hatten währenddessen sitzend einen Kreis geformt. Ihre Häupter waren mit dünnen schwarzen Schleiern bedeckt – seit Anbeginn die Farbe dieses alten Zwischenstromlandes –, und ihre Köpfe blieben ein wenig nach vor geneigt, sodaß die Schleier seitlich herabhingen und man ihre Gesichter nicht sehen konnte. Unter den Frauen befand sich eine weibliche Mullah, und auch sie begann mit einem Gebet. Ihre Stimme war klar und kam tief aus ihrem Bauch. Die Frauen im Kreis begannen ihre Oberkörper nach vor und zurück zu bewegen. Wie eine große Welle schwangen ihre Körper gemeinsam. Genauso plötzlich, wie sie begonnen hatte, hörte die Mullah mit dem Gebet und den Lobpreisungen für den Propheten auf. Jede Frau saß da, in sich gekehrt, und mit den schwarzen Schleiern wirkten sie alle wie Wesen aus einer anderen Welt. Da ertönten die Trommeln aus dem Raum der Männer; schwer und überwältigend rollte der Rhythmus über uns und riß die Frauen mit. Sie beugten sich erst langsam, auf der rechten Seite beginnend, nach vor, in der Mitte richteten sie sich wieder auf, um sich wiederum auf die linke Seite vorzubeugen ... la ilaha illa llah ... la ilaha illa llah ... ihre Stimmen waren voller Hingabe, der Raum erbebte und schien sich mitzubewegen. Großmutter saß außerhalb des Kreises und bewegte leise murmelnd die Gebetskette zwischen ihren festen Fingern.

Gespannt bewegte sich meine Aufmerksamkeit zwischen dem Frauenkreis und meiner Großmutter, die wie immer in ihrer eigenen Welt verharrte. Ich war noch sehr jung und hatte daher noch das Privileg, unter keine Geschlechtertrennung zu fallen. Also konnte ich frei vom Raum der Frauen in den der Männer wechseln. So schlich ich mich in den Männerraum und beobachtete die wilden Bewegungen der Tanzenden, den herunterrinnenden Schweiß der Trommler und die alles tragende Persönlichkeit meines Großvaters, um mich dann wiederum zu den Frauen zurückzustehlen. So verschieden sie waren, schienen sich doch beide Welten auf eine mir unerklärliche Weise zu ergänzen. Der Weihrauchduft vermischte sich mit dem Dunst der Frauenkörper. Die Bewegungen wurden immer stürmischer, vor und zurück, vor und zurück, bis sie sich in einem wilden Hin und Her der Köpfe auflösten. Manche Frauen begannen zu schluchzen. Die älteren Frauen wirkten gesammelter und beruhigten die jüngeren, indem sie sie umarmten, ihre Hände hielten und über sie Gebete flüsterten. Immer wieder heulte eine der Frauen auf, um dann wieder in sich zusammenzufallen. Ihre Schultern waren schlaff, das Haar wirkte aufgelöst. Sie schienen ausgepumpt, erschöpft, außerhalb ihrer selbst, aber auch unfähig aufzuhören. Der Rhythmus der Trommeln beruhigte sich wieder, er wurde leiser und sanfter. Ich wußte nie, ob dieses Ritual Minuten andauerte oder Stunden. Zeit und Raum schienen dabei mit den menschlichen Sinnen nicht mehr faßbar. Die Frauen saßen mit geröteten Gesichtern und strahlenden Augen im Kreis. Sie wirkten befreit, glücklich und gesammelt. Langsam erschöpfte sich das Ritual, und sie lehnten sich an die Wände zurück. Jemand kam herein und brachte ein Tablett mit dunklem, süßlichen Tee. In Stille trank eine jede, wischte sich mit dem Schleier den Schweiß vom Gesicht, und der Alltag kehrte langsam wieder ein. Normale Gespräche begannen, man küßte und umarmte einander, und eine unbeschreibliche Sanftheit beherrschte den Raum. Großmutter beendete das Ritual mit einem Wunschgebet: „An alle Wesen, sichtbar und unsichtbar, an alle Mineralien, Pflanzen und Tiere, an alle anwesenden und fernen Menschen. Ein Gebet an alle Kinder, an alle Kranken und Leidenden, an alle Suchenden und Einsamen, an alle Meister und Meisterinnen, die gekommen sind und kommen werden, und an alle Propheten ..." Dann sprach sie das Gebet über alle, während die Anwesenden die Hände gen Himmel öffneten, um sie dann über das Gesicht und den ganzen Körper zu streifen. Danach wurden Obst, Nüsse und getrocknete Früchte serviert. Zum Schluß gab es noch starken schwarzen Kaffee mit viel Kardamom, in kleinen Tassen serviert. Die Gäste begannen sich langsam zu verabschieden. Ein besonderer Tag war vorübergegangen.

Oh, der Ball!

„Wo fahren wir denn hin, Großmutter?" Wir saßen im Fond eines schwarzen Taxis, und die Fahrt dauerte schon recht lange. „Zu entfernten Verwandten von mir. Es wird dir dort gut gefallen, du wirst sehen." Wir kamen bei einer großen Villa an. Meine Großmutter klopfte fest an eine Holztüre, die halb hinter einem riesigen Busch verschwand. Nach einiger Zeit öffnete sich die Türe, und dahinter erschien, kaum zu glauben, eine Frau mit langem blonden Haar und großen, traurigen Augen. Mir blieb der Mund offen. Ich hatte noch nie in meinem Leben eine blonde Frau gesehen. War sie ein Mensch oder kam sie aus einer anderen Welt?

Die blonde Frau war sichtlich erfreut und gleichzeitig überrascht über unser Kommen. Wir folgten ihr ins Haus, wo uns ein eigenartiger Duft entgegenkam. „Ich bereite Marmelade zu", sagte das blonde Wesen, „es ist bald getan!" „Großmutter, was ist das, Marmelade?" Meine Großmutter lachte. Sie wandte sich zu der blonden Frau, die angeblich mit uns verwandt war, und sagte: „Die kleine Fawzia kennt das nicht, wir machen so etwas bei uns daheim nicht." Dann sah sie mich an und erklärte: „Früchte werden mit Zucker zu einem dicken Sirup gekocht. Anschließend kann man ihn mit Brot essen!" Ich sah dieses eigenartige blonde Wesen verständnislos an. Wieso verkocht diese Frau kostbares gutes Obst zu einer komischen Sauce, dachte ich bei mir. Dies bestätigte nur meinen Verdacht, daß sie aus einer anderen Welt stammte. Noch dazu war das Haus riesengroß, und niemand außer dieser blonden Frau schien darin zu leben. Ich fühlte mich hier nicht wohl und drängte meine Großmutter zum Gehen, doch sie reagierte in keiner Weise auf meine diskreten Seitenstöße. Die beiden Frauen redeten über verschiedene Dinge und Leute. So sehr ich mich auch konzentrierte, ich verstand nur Wortfetzen: „... die Familien stärken ... noch so jung ... schnelle Entscheidung treffen ..." Meine Großmutter gebrauchte wieder einmal ihre Zaubersprache. Das tat sie immer, wenn sie nicht wollte, daß jemand außer der direkt angesprochenen Person sie verstand. Dabei drehte sie ihren Körper so, daß sie den Menschen voll anvisierte und ihre Lippen nur minimal bewegte.

Plötzlich öffnete sich die Tür, und herein kam der wohl schönste Jüngling, den ich in meinem Leben gesehen hatte. Er war schlank wie eine Zypresse, groß, seine Hautfarbe war weder hell noch dunkel, dichtes schwarzes Haar umspielte seine klare Stirn, und seine dunklen Augen glühten vor Intensität. Er näherte sich uns, neigte sich zu dem blonden Wesen, nahm ihre Hand, küßte sie und sagte: „*As-salamu alaykum*, Friede sei mit dir, Mutter!" ... Mutter! Dieses blonde Wesen war seine Mutter? Wie konnte dies sein? Ich war völlig außer mir. Dann begrüßte der Jüngling meine Großmutter, die ihn umarmte und ihn mir vorstellte: „Dies ist Scha'ban, ein Junge von hohen Manieren und edler Abstammung." „Man sieht es!" antwortete ich höflich und wandte mein Gesicht von seinen glühenden Augen ab. „Zeige Fawzia doch den Garten", sagte seine blonde Mutter. Ohne ein Wort erhob ich mich, und wir gingen in den Garten. Dort standen wir nebeneinander, und obwohl ich nicht wußte, was vor sich ging, spürte ich doch, daß es etwas mit diesem schönen, ruhigen Jungen zu tun hatte. Also, dachte ich mir, werde ich versuchen, so viel wie möglich über ihn zu erfahren. „Wie alt bist du, Scha'ban?" „Ich werde elf Jahre, in ein paar Monaten." „Du lebst alleine mit deiner Mutter, nicht wahr?" „Ja, meine Eltern sind geschieden, und es ist jetzt die Zeit gekommen, daß ich zu meinem Vater gehe. Meine Mutter kann mich aber nicht gehen lassen." Deswegen also diese traurigen Augen, dachte ich, arme blonde Frau. Ich verstand sogar, warum sie frisches Obst verkochte.

Nun fing ich an, noch mehr zu begreifen. Meine Großmutter wollte der Frau helfen, und sie wollte dies tun, indem sie uns Kinder verheiratete. Somit hätte sie zwei Fliegen mit einem Schlag getroffen. Durch unsere Heirat würde Scha'ban seiner Mutter nicht verloren gehen, und ich hätte einen Ehemann von edler Abstammung, noch dazu von großmütterlicher Seite, das hieß, Großmutter hätte alle Fäden in der Hand. Gut, Großmutter, dachte ich, aber erst muß ich sehen, ob auch ich einverstanden bin und der Junge meinen Wünschen entspricht. Ich sah einen Ball und wandte mich an Scha'ban: „Ein schöner Ball!" Ohne ein Wort zu sagen, ging er hin und holte ihn mir. Ich warf ihn immer wieder in die Höhe, während wir langsam im Garten spazierten. Als wir bei einem hohen Baum ankamen, warf ich den Ball so, daß er im Baum hängen blieb. „Oh!" rief ich, „der Ball!" Scha'ban sah hinauf und blickte dann mich an; ich lächelte. Wieder reagierte er schnell und ohne viele Worte. Er holte eine Leiter, lehnte sie an den Baum, kletterte hinauf und von der Leiter weiter auf die starken Äste. Er hielt den Ball fest und überreichte ihn mir erst, als er unten war. Er war wohlerzogen und großzügig. Ich hatte alles erfahren, was ich wollte. Da rief auch schon meine Großmutter zum Abschied. Ich schenkte Scha'ban noch einen Blick und lief hinaus.

Im Wagen saßen wir schweigend nebeneinander. „Könntest du dir vorstellen, mit Scha'ban verheiratet zu sein?" zerriß Großmutters direkte Frage die Stille. „Ja!" erwiderte ich, obwohl ich, ehrlich gesagt, nicht genau wußte, was es bedeutete zu heiraten. „Deine Mutter wird dagegen sein", murmelte meine Großmutter in Gedanken.

So war es auch. Bei dem Gedanken, ihre sechsjährige Tochter zu verheiraten, raufte meine Mutter sich die Haare. „Sie werden einander nur versprochen", argumentierte meine Großmutter, „und zu einem späteren Zeitpunkt verheiratet." „Wieso die Eile?" „Er ist aus einer der besten Familien des Landes und hat alle Eigenschaften, die man sich für einen Mann wünscht." Es kam zu einem großen Tauziehen zwischen den beiden Frauen, das mich allerdings wenig berührte.

Heute bin ich dankbar, daß es meine Mutter war, die den Sieg davontrug. Scha'ban habe ich nie wieder gesehen, obwohl er und seine blonde Mutter mir noch heute einen nachdenklichen Moment abverlangen, wenn sie in meinen Erinnerungen auftauchen.

Die Welt der Frauen

Seit ich vier war, nahm mich meine Großmutter mit, wenn sie Besuche machte. Ihre Kleidung war dabei immer, unüblich für eine Orientalin, sehr bescheiden. Sie liebte weder Schmuck noch Prunk. Wenn wir außer Haus gingen, zog sie ihre schwarze *abaya* über, die vom Kopf bis zum Boden reichte. Jede ältere Frau in Bagdad trug eine solche *abaya*, wenn sie ihr Haus verließ, und da sie alle gleich aussahen, wurden sie durch bunte Fäden am unteren Saum markiert. Der Faden meiner Großmutter war rot und formte fünf kleine Kreuze. Ich war immer sehr beeindruckt von dieser *abaya*, denn sie strahlte etwas Erhabenes, Unnahbares aus und wirkte wie das äußere Symbol für die Zugehörigkeit zu einer geheimen Schwesternschaft.

Unsere Besuche gerieten meist zu großen Frauentreffen, bei denen Frauen aller Altersgruppen mit ihren Kindern zusammenkamen. Besonders innige Freundinnen der Gastgeberin halfen beim Auftragen und Abräumen. Wenn ein Essen geplant war, dann halfen sie bei den Vorbereitungen und konnten sich auch darauf verlassen, daß im gegenteiligen Fall ihnen geholfen wurde.

Die Frauen unterhielten sich, tranken Tee, aßen Süßigkeiten, tauschten Neuigkeiten aus und besprachen ihre Sorgen und Probleme. Tätigkeiten, Reaktionen und Gefühle einer jeden wurden in Erfahrung gebracht und kommentiert. Das Geben und Nehmen von gegenseitiger Kritik und wechselseitigem Lob, von gutgemeinten Ratschlägen und erfahrungsträchtigen Kommentaren schien nie enden zu wollen. Man war offen zu einander und vertraute sich den anderen an. Bei solchen Treffen lag etwas sehr Ehrliches in der Luft, das wohltuend wirkte und alles Damenhafte, Pietätvolle beiseiteschob. Die eine spreizte unverblümt die Beine, wenn ihr beim Gespräch danach war, die andere wälzte sich vor Lachen am Boden. Solche Zusammenkünfte, bei denen man sich gegenseitig unverbrämt die Wahrheit sagte, die Schwachstellen kitzelte, zusammen alberte und tief aus dem Bauch heraus lachte, stärkten die Frauen und gaben ihnen die Kraft und den Mut, die Dinge auch anders zu sehen und leichter zu nehmen.

Die Frauen besprachen natürlich auch das Leben der Männer und deren Verhalten, ihre Arbeit, ihr hohes oder niedriges Einkommen und ihr Bemühen, die soziale Lage der Familie zu verbessern. Aber auch ihr Verhalten innerhalb der Familie wurde bis hin zum Sexualleben offen diskutiert. Die Frauen machten sich oft lustig über die eigenen Gelüste, über ihre Sexualität und die überwältigende Sinnlichkeit, derart selbstverständlich, daß wir Mädchen, obwohl wir nicht direkt verstanden, worum es ging, mitlachten und somit spielerisch einen Sozial-, Gesellschafts- und Sexualunterricht übermittelt bekamen.

Am aufregendsten wurde es immer dann, wenn eine der Frauen aufstand, eine Musikcassette einlegte, sich ein Tuch um die Hüften band und sich langsam zur Musik wiegend in eine andere Welt versetzte, um dann für uns zu tanzen. Alle Aufmerksamkeit konzentrierte sich auf sie, die Spannung in den Körpern der Frauen nahm zu, sie richteten sich auf, ihre Blicke füllten sich mit einem alten, bis dahin verborgenen Wissen, und sie begannen, die Tanzende anzufeuern und ihr zuzurufen: „Wie schön doch ihre Augen geformt sind, gepriesen sei Allah!" „Anmutig und stark wie eine Bambusgerte." „Heb den Kopf, stolze Fatima!" „Sie färbt ihre Haare mit Henna!" „Hast du gesehen, wie gepflegt ihre Füße sind!" „Sieh doch, wie weich ihre Hüften kreisen!" Die Zusehenden klatschten im Rhythmus und trillerten schrill vor Begeisterung. „Ya ayni, ya ayni!" (Oh du mein Augenlicht!), „Ya leli, ya leli!" (Oh du meine dunkle Nacht!) ... Die Zurufe waren aufgeregt, und voller Anteilnahme redeten alle durcheinander. Die Stimmung im Raum war zum Jauchzen. Ihre ganze Schönheit und Weiblichkeit konnten die Frauen in einer Atmosphäre der Gelassenheit und Ermunterung ausleben. War die Tänzerin fertig, nahm sie das Tuch ab und band es einer anderen Frau um. Sie gab damit den Tanz weiter. Oft tanzten auch zwei Frauen zusammen, ergänzten und inspirierten sich gegenseitig. Ich liebte es, wenn das Leben so sprudelte und wir Frauen ganz unter uns waren.

Lief ein kleines Mädchen zu der Tanzenden in die Mitte des Raumes und begann ebenfalls zu tanzen, erstrahlten die Gesichter der älteren Frauen, und sie lachten laut auf, denn das Leben hatte wieder einen neuen Rhythmus bekommen, einen, der uns voraus war und der auch nach uns noch kommen wird. Natürlich waren solche Vorführungen auch eine Gelegenheit für Schwiegermütter, ihre zukünftigen Schwiegertöchter in Augenschein zu nehmen. Und wir Mädchen wußten das! Doch wenn eine alte Frau aufstand und zu tanzen begann, war da plötzlich etwas, das man nicht in Worte fassen konnte – ein Geschenk, ein Frauengebet erfüllte den Raum, getragen von den subtilen, fast weisen Bewegungen einer, die lange vor uns in der Kette der Frauen stand. Erhob sich eine alte Frau zum Tanz, ihre reife Sinnlichkeit und ihre alte Schönheit zeigend, küßten wir ihr dankend die Hände und lachten sie gleichzeitig frech an.

Mehrere Male nahm mich meine Großmutter zu solchen Zusammenkünften mit, und jedesmal beobachtete ich fasziniert das Geschehen und hörte den älteren Frauen zu. Sie gaben einander Ratschläge über ihr Aussehen und ihr Verhalten und erfreuten sich an ihrer Schönheit. Da sie auch über ihre Schwächen lachen konnten, teilten sie sie ohne Scham und Furcht mit. Es fielen nie böse Bemerkungen wie: „Du bist zu dick!" oder „Du bist zu dünn!", „Dein Busen ist zu groß!" oder „Dein Busen ist zu klein!" Jede Körperform wurde als Geschenk betrachtet, als gewolltes Schicksal, als Aufgabe, um daraus das beste zu machen. Manche waren eben schöner, manche weniger, *nasib*, „Schicksal!" Mitgefühl mit sich selbst und mit anderen bildete einen Teil der Lebensphilosophie.

Auch Frauen, die einander nicht besonders leiden mochten, vergaßen nie Respekt und Höflichkeit der anderen gegenüber. Denn schon allein die arabische Sprache mit all ihren Begrüßungs- und Höflichkeitsformen hinderte sie daran, anderen gegenüber unhöflich zu sein. Getratscht wurde trotzdem, denn auch das gehörte zum Frausein. So war jede Frau durch ihr Sein eine Bereicherung für die Gemeinschaft. All dies bekamen wir Mädchen bei diesen Treffen, bei *unseren* Frauenritualen mit, und es half uns auf unserem Weg zur Frau, zur Mutter und zum alten Weib.

Das Blut fließt

Ich wußte, daß dieser Tag kommen und mein ganzes Leben verändern würde; Mutter hatte mir oft genug davon erzählt. Aber doch nicht schon jetzt! Angst überkam mich, und ich spürte, wie sich die Welt um mich verdunkelte. Ich lief in mein Zimmer und überlegte, was zu tun sei. Konnte ich es vielleicht geheim halten? So tun, als wäre nichts geschehen? Nach langem Überlegen beschloß ich, zu meiner Mutter zu gehen. „Mutter, sie ist gekommen", sagte ich leise und mit trauriger Miene. Meine Mutter sah mich an und strahlte über das ganze Gesicht. Sie kam näher und blickte mir tief in die Augen. „Gratuliere, meine Tochter, jetzt bist du eine Frau geworden!" Ich verstand ihre Freude nicht, denn für mich brach eine Welt zusammen. Mutter umarmte mich, und bevor ich etwas sagen konnte, wurde diese „freudige" Nachricht auch schon in der Familie verbreitet. Alle Frauen kamen und sahen mich mit freudigen Gesichtern an. Ich gehörte jetzt zu ihnen.

„Heute wird deine Lieblingsspeise gekocht", sagte die eine, eine andere brachte mir einen Schal als Geschenk. Von meiner Tante bekam ich bunten Stoff und das Versprechen, sie würde ein besonders schönes Kleid für mich nähen. Plötzlich tauchten mehrere Binden auf, die sie mir lachend entgegenhielten. Ich empfand all das Getue als sehr peinlich und wäre am liebsten alleine mit mir selbst geblieben. Doch ich wußte, daß dies nicht angebracht war. Den ganzen Freudentaumel der anderen mußte ich jetzt über mich ergehen lassen.

Mutter kam mit einer kleinen Schachtel ins Zimmer, drückte sie mir in die Hand und bat mich, sie zu öffnen. Neugierig öffnete ich die Schachtel, und ein Ring mit einer Perle obenauf kam zum Vorschein. „Diesen Ring habe ich speziell für diesen Anlaß anfertigen lassen", sagte sie. Ich lächelte matt, als sie mir den Ring über den Finger zog. Das Danke brachte ich nur mühsam über die Lippen. Der Ring war das Symbol meiner neuerworbenen Gefangenschaft. So empfand ich es zumindest in diesem Augenblick. Dann setzten sich alle anwesenden Frauen zusammen mit mir in einen Kreis. Sachte begann meine Mutter zu sprechen: „Du bist jetzt eine Frau geworden, meine Tochter, und dies bedeutet, daß du dich auch wie eine Frau benehmen sollst. Deine Aufgaben und dein Benehmen werden sich jetzt verändern, mein Kleines."

Ich wußte, was jetzt kommen würde, denn ich hatte schon früher bemerkt, wie Mädchen nach diesem Ereignis aus der Kinderschar verschwanden und nicht mehr zu uns gehörten. „Weißt du", fuhr Mutter fort, „es ziemt sich nicht mehr für dich, auf der Straße mit den Jungen zu spielen. Du bist jetzt anders und wirst mit deinesgleichen zusammenbleiben." Mir schossen die Tränen in die Augen, ich wollte nicht anders werden, ich wollte meine Spiele nicht aufgeben und meine Freiheit, dorthin zu gehen, wohin ich wollte. „Jetzt werden bald die Freier an unsere Türe klopfen", sagte unsere Köchin lachend. „Und alle Schwiegermütter werden dich beobachten", fügte meine Tante hinzu. „Du bekommst auch eine *abaya* wie deine Großmutter, wenn du möchtest", munterte mich meine andere Tante auf. Doch auch dieser Gedanke schien nicht zu helfen. „Können wir nicht noch ein wenig warten, Mutter?" fragte ich schüchtern. Ich wollte mich zumindest von meinen Spielgefährten noch verabschieden. „Das geht doch nicht!" erwiderte meine Tante, „das Blut fließt, und alles muß seinen Lauf nehmen." Es gab also kein Entrinnen, und schweren Herzens akzeptierte ich meinen Einstieg in die Welt der Frauen. Ich sah sie mir an, diese runden, vollen Wesen mit ihren schwingenden Bewegungen, und ich konnte mir einfach nicht vorstellen, daß ich jetzt auch so sein würde wie sie. Tief in meinem Herzen beschloß ich, trotzdem alles Kindliche zu behalten, und eine rebellische Glut stieg in mir auf, die mich noch lange begleiten sollte.

Das große Fest

Eines Tages entschieden die Frauen meiner Familie, in unserem Haus ein Fest zu veranstalten. Drei Tage lang wurden Vorbereitungen getroffen. Ich half fleißig mit. Es herrschte große Aufregung, und das ganze Haus war erfüllt von den emsigen Bewegungen der Frauen.

Als der große Tag kam, die Gäste die Räume füllten und die Luft immer dichter wurde, rief mich meine Tante, meine Vaterschwester Lahib, zu sich und sagte: „So, jetzt ist deine Zeit gekommen, Fawzia! Du darfst zum ersten Mal vor den Gästen tanzen!" Mir blieb bei diesen Worten die Luft fast weg, und meine Knie fingen an zu zittern. Es fiel mir wie Schuppen von den Augen, und ich verstand erst jetzt die Bedeutung dieses Festes. Am liebsten wäre ich davongelaufen, doch meine Tante stand so mächtig vor mir, und ihr Lächeln, das auf mich mehr wie ein Zähnefletschen wirkte, hinderte mich daran. Doch gleichzeitig mischte sich mit meiner Angst der süßliche Duft des Kampfes, der mich dazu trieb, diese Aufforderung anzunehmen. Nicht als Opfer wollte ich diesen Raum betreten, sondern als Fawzia! Und so kam es auch.

Meine Tante reichte mir ein Tuch, das ich mir um die Hüften band. Ich lauschte kurz der Musik und ging hinein. Alle Gäste wandten sich mir zu und lächelten aufmunternd. Ich fing an, mich langsam zu bewegen und mich in den Rhythmus einzustimmen. Steif und unbeholfen kam ich mir vor. Ich litt unter dieser geballten Aufmerksamkeit.

Da fiel mein Blick auf meine Großmutter, die ruhig unter den Gästen saß und mich kurz mit ihren Augen streifte. Ihre Ruhe gab mir Zuversicht, und ich glitt tiefer in die kreisenden Bewegungen. Langsam verschwammen die Zuseher, und auch meine Großmutter nahm ich bald nicht mehr wahr. Ich hörte meinen Herzschlag, der mir den Rhythmus gab, und ich spürte, wie mein Körper sich in den Bewegungen verlor, die älter waren als ich selbst. Freude und Stolz überkamen mich, und ein tiefes inneres Wissen formte meine Lippen zu einem Lächeln. Ich weiß nicht, wie lange ich tanzte, denn mein Gefühl für Zeit war mit der Hitze meines Tanzes verschmolzen. Die innere und die äußere Welt berührten einander. Ich war in diesem Moment weder jung noch alt. Das Ewige rief in mir, und ich gab diesem Lebensruf nach und tanzte so intensiv und innig wie das Leben. Als ich aufhörte und aus dem Raum lief, hörte ich das Klatschen der Gäste, und ich wußte, daß ich meine Initiation erfolgreich beendet hatte. Ich war neun Jahre alt, Mädchen und Frau zugleich.

Nach diesem Tanz bekam ich keine Unterweisungen mehr von meiner Großmutter, und das Wort „klein" wurde nicht mehr vor meinen Namen gesetzt. Mein Tanz entließ mich in eine neue Welt. Nun durfte ich selbst wählen, wie ich damit weiter umgehen würde.

Meine neue Welt

Meine Reise nach Europa begann. Die politischen Umstände, die Instabilität rissen meine Familie aus meiner Ursprungsheimat heraus und brachten uns in den Libanon, doch auch hier wallten Unruhe und Krieg auf, und ich wurde noch weiter von meiner Wiege, dem Zwischenstromland, weggezogen.

Wenn ich jetzt im nachhinein auf meine Kindheit zurückblicke, so bestand die äußere Welt, also die außerhalb des Familienkreises, immer nur aus Unruhen, niedergeschlagenen Aufständen und aufflammenden Kriegen, die mit aufgerissenen Türen, hechelnd hereinstürzenden Boten und stillen, abseitigen Familiensitzungen, bei denen nur geflüstert wurde, die Köpfe schwer nach vor hingen und in tapferen Frauengesichtern stumme, salzige Tränen flossen, tiefe Spuren im geschützten Familienkreis hinterließen.

Wir lernten von klein auf, Schicksalsschläge würdevoll zu ertragen und nicht im Strudel des erschütternden Augenblicks unterzugehen. Schreien, Aufbrausen, Weinen und sonstige Ausbrüche waren zwar erlaubt, doch sie sollten wie ein tieferes Durchatmen erlebt werden, während die „wahre Essenz" des Menschen dahinter sanft weiterfloß im göttlich vorgeschriebenen Schicksal. Um diese Einstellung zu stärken und den Blick klar zu behalten, wurden von den älteren Familienmitgliedern Geschichten unserer Ahnen erzählt. Und die Ahnenkette war lang, sie reichte bis zum geliebten Propheten, dem größten aller unserer Vorbilder. Die Welt, *dunya*, bestand aus den merkwürdigsten Dingen und Ereignissen, hörten wir die Alten sagen, aus Tälern und Bergen, Tümpeln und reißenden Flüssen, und es war unsere Aufgabe, trotz aller Umstände das Wesentliche nicht aus den Augen zu verlieren, nämlich, daß wir gleichzeitig Diener und Herrscher einer größeren Macht sind.

Meine Familie beschloß also – nachdem ich darauf gedrängt hatte, unbedingt meine Schule beenden zu wollen, und dies im Libanon, wo wir derzeit lebten, nicht möglich war, da die Schulen wegen des sich ausbreitenden Bürgerkriegs schon seit mehreren Monaten geschlossen waren –, mich zu Verwandten nach Europa zu schicken. Ich sollte aber alleine gehen, da meine Familie hoffte, daß die Situation sich nach ein paar Monaten beruhigen würde und ich dann wieder zurückkommen könnte. Doch mein Schicksal wollte es anders. Ich erinnere mich, wie ich die ersten Tage in Europa verbrachte, weinend neben einem Ofen sitzend. Es war so kalt. Alles war so furchtbar fremd für mich. Noch konnte ich mir nicht vorstellen, in dieser Welt zu leben. Doch meine Neugierde war größer als der Schmerz über den Verlust meiner Heimat und Kindheitswelt. Ich beobachtete meine neue Umwelt genau, und am meisten fielen mir die Frauen auf. Sie waren so anders als die, die ich von daheim kannte. Sie schienen mehr den Männern zu gleichen. Die Männer wiederum wirkten viel weicher als die, die ich kannte. Ich sah Frauen mit langen Haaren an den Beinen und kurzen Haaren auf dem Kopf; sah sie in Hosen mit großen Schritten durch die Straßen eilen.

Alles war fein säuberlich geordnet in dieser Welt, und die disziplinierte Vernunft war der Systembogen, der alle verband.

Die Menschen huschten, einem unsichtbaren Ziel folgend, durch die Straßen, jeder mit sich beschäftigt. Die ganze Welt bestand aus kleinen Menscheninseln, die einsam im Meer drifteten. Lachen wurde als obszön empfunden, und lautes Reden war nicht angebracht. Nichts durfte die Ruhe und Ordnung stören. Und doch waren alle sehr höflich zueinander. Jeder schien den anderen in Ruhe zu lassen und mischte sich nicht in seine Angelegenheiten, solange er die Ordnung, das oberste Gesetz, respektierte. Also konnte auch ich machen und tun, was ich wollte? Junge Menschen küßten einander in der Öffentlichkeit; außer einem gelegentlichen Kopfschütteln der älteren Generation passierte gar nichts. Junge Männer und Frauen gingen ganz gelassen miteinander durch die Straßen, plauderten, berührten einander und schienen sich nichts Besonderes dabei zu denken. Es war interessant in dieser neuen Welt, in der die Beschränkungen meiner alten Welt nicht bestanden. Und doch schien etwas zu fehlen, etwas Wesentliches ging mir ab. Mir drohte die Orientierung abhanden zu kommen, ich fürchtete, den Sinn der Dinge nicht mehr zu begreifen.

Die Geschichte des Frauentanzes

Gedanken zur Entwicklung des Frauenbeckenbauchtanzes oder ein Versuch, den Werdegang des Frauenkörperbewußtseins nachzuvollziehen ...

Der Frühmensch und der Tanz

Der Frühmensch – damit meine ich nicht einen konkret in Raum und Zeit vorhandenen, sondern eine innere Bewußtseinsstufe der Menschheit – erlebte sich als körperlich manifestiertes Kind einer großen Mutter; für ihn gab es keine Trennung zwischen Körper und Welt, zwischen Innen und Außen, Diesseits und Jenseits; alles war in unauflöslicher Einheit miteinander verbunden. Das „Ich" war noch nicht ausgeprägt, im Vordergrund stand die matriarchale Einstellung der „Ganzheit". Dieses Eins-Sein mit der Welt zeigte der Frühmensch in seinen Symbolen, aus denen sich Mythen und Rituale formten.

Ritual war ursprünglich immer auch Tanz; Körper und Psyche setzten sich als Einheit in Bewegung. Der Tanz war Ausdruck der natürlichen Ergriffenheit und Erregtheit des Frühmenschen.

Durch das Ritual und den damit verbundenen Tanz wurden nicht nur die Bande zwischen den Mitgliedern der Gemeinschaft gestärkt, der Freude und dem Vergnügen Ausdruck verliehen und das Leben gepriesen, die Männer und Frauen versuchten dadurch auch das Rätsel der Existenz, der Natur und vor allem der Geburt und des Todes – die größten Mysterien also – zu verstehen. Das Ritual diente somit als Beschwörung für das Wachstum auf Erden, um die Wolken regnen zu lassen oder um einen Fruchtbarkeitsakt zu zelebrieren.

In mutterrechtlichen Garten- und Ackerbaugesellschaften trugen im wesentlichen die Frauen zur Sicherung der Subsistenzbasis bei, wie sie auch die entscheidenden gesellschaftlichen Positionen innehatten. Zudem waren sie diejenigen, die ekstatische Tänze zu wichtigen gesellschaftlichen Anlässen vollführten.[1] „Ein Hauptmerkmal aller matriarchalen Kulte war der Tanz. Der Tanz war mehr als ein augenblicklicher Gefühlsüberschwang, er war auch mehr als ein ausdrucksvolles Gebet: er war die wichtigste magische Praktik überhaupt. Der Tanz ist die älteste und elementarste Form der spirituellen Äußerung, er ist Magie als getanztes Ritual. Aus ihm entwickelte sich jene andere Ausdrucksform, die wir uns heute Kunst zu nennen gewöhnt haben."[2]

Ihre magische Verbundenheit mit dem Lebendigen machte die Frau auch zur Ratgeberin und später zur Priesterin der weiblichen Gottheiten, da sie um die Geheimnisse des Lebens wußte. Sie wurde zur irdischen Vertreterin der großen Mutter Erde, in der unendlich scheinenden Reihenfolge der Mütter und Töchter. All diese Aspekte schwangen bei ihrem Tanz mit. Selbst Trägerin des Lebens, war die Frau mit ihrem Körper und dessen Wandlungen sowie mit dem Pulsschlag des Lebens am stärksten verbunden. Ihre besondere Stellung zeigt sich zum Beispiel auf einem der steinzeitlichen Felsbilder aus der Sahara. Es stellt einen jagenden Mann dar, der mit einer die Arme hebenden weiblichen Gestalt durch eine Linie von Genital zu Genital verbunden ist. Diese Linie stellt eine magische Nabelschnur dar und ist ein deutlicher Ausdruck der zauberischen Funktion des Weiblichen. Die weibliche Gestalt war die Inkarnation der Beschützerin und Kraftgeberin. Diese magische Haltung deutet auf den Glauben hin, der Frau sei die Fähigkeit eigen, sich mit höheren Mächten zu verbinden und die Einheit mit der Natur, mit der Pflanzen- und Tierwelt beizubehalten.

Diese Verbundenheit mit der Natur und das daraus resultierende Körperbewußtsein manifestierten sich auch in besonderer Form im Tanz.

Vermutlich hatten die Frauen ein eigenes Gespür für die Veränderungen in ihrem Körper. Sie wußten um ihren Eisprung und die äußeren Begleiterscheinungen kurz davor und danach Bescheid, beobachteten das Wachsen und Fallen der Brüste, wenn das Blut kam, und die besondere Sensibilität, fast Durchsichtigkeit, die diesen Zyklus begleitete und die visionären Kräfte stärkte. Sie erkannten den Wandel im Moment der Empfängnis und wußten womöglich um die Träume, die eine Schwangerschaft ankündigten. Das Leben in der Natur und die Verbundenheit mit ihr halfen ihnen dabei.

Die Frau war also Teil des Pulsschlages des Lebens und ehrte es viel intensiver, als ein Mann dies konnte. Beide, Mann und Frau, anerkannten die inneren Gesetze des menschlichen Lebens und der Natur, was sich im Glauben an die Große Mutter, an das große Weibliche widerspiegelte.

Einer der ältesten Archetypen dieser Großen Mutter hieß Ashar, besser bekannt als Ischtar, eine babylonische Göttin, die einerseits Erd- und Fruchtbarkeitsgöttin war, andererseits für Tod und Zerstörung stand. Sie wurde oft mit leuchtenden Augen, dem Symbol für Licht und Geist, und mit einem leuchtenden Nabel dargestellt, dem Symbol für Fruchtbarkeit und Tod.

Die Erde ist hier der Leib, der als weibliche Wirklichkeit erfaßt wird; sein Zentrum, die Stelle, von der aus die Welt ernährt wird, ist der Nabel. Und auf Ischtars Haupt ruhte die Mondsichel. Oft ist Ischtar (wie auch Demeter) mit aus den Schultern hervorsprießenden Ähren abgebildet, Symbol für die Erde und die daraus entsprießende Nahrung.

In einer Kultur, in der Fruchtbarkeit existentiell wichtig war, gehörten die Zusammenhänge zwischen Sexualität, Menstruation und Geburt zum Alltagswissen. Und es war klar, daß der Mond mit alledem zu tun hatte. Der Rhythmus des Mondes mit seinem Werden und Vergehen wurde zum Symbol für den ewigen Kreislauf von Zeugung, Geburt (die schmale Sichel am Horizont), Wachstum (zunehmender Mond bis Vollmond), Siechen und Sterben (abnehmender Mond), Tod (die drei mondlosen Nächte des Neumonds) und Wiedergeburt (das erneute Auftauchen der Mondsichel nach den mondlosen Nächten).[3] So war die für die Fruchtbarkeit zuständige Gottheit logischerweise die Mondgöttin. Sie wurde zur Beherrscherin des lebensspendenden Wassers, der Meere und Ozeane sowie der Bäche und Flüsse, zum Ursprung des Weiblichen schlechthin, zur Großen Göttin. In ihrer hellen Phase spendete sie Leben und Fruchtbarkeit, in der dunklen symbolisierte sie die tödlichen, zerstörerischen Kräfte der Natur im ewigen Rhythmus von Tod und Wiedergeburt. In den meisten Kulturen gab es mehrere Mondgöttinnen, für jede Mondphase mindestens eine. Die Große Göttin hatte viele Namen, zum Beispiel:

im Nahen Osten: Inanna, Ischtar, Tiamat, Astarte;
in Ägypten: Isis, Hathor, Neith, Maat;
in Griechenland: Demeter, Hera, Artemis, Aphrodite, Persephone, Hekate, Europa;
im alten Rom: Juno, Diana, Luna, Titania;
im Fernen Osten: Shakti, Aditi, Durga (Indien), Tara (Tibet), Kwan Yin (China), Kannon (Japan).[4]

Ein bekannter Mythos, durch den sich die Menschen den Wechsel der Jahreszeiten erklärten und auch ihrer Sorge um die wiederkehrende Fruchtbarkeit der Erde nach dem Winter Ausdruck gaben, handelt von Ischtar und wird um 4.500 v. Chr. datiert.[5]

Es wird erzählt: *Als Ischtars Mann Tammuz (noch heute steht „Tammuz" im Arabischen für „Juli") starb und in die Welt der Dunkelheit einkehrte, also in den Schoß der Erde, entschloß sich Ischtar, ihn durch eine List zu retten und das Licht zurückzuholen. Sie schmückte sich mit aller Pracht, band sich einen Hüftgürtel um, legte sich sieben Schleier um und ging durch die sieben Tore in die Unterwelt. Als Liebesgöttin tanzte sie verführerisch bei jedem Tor, hinterließ ein jedes Mal einen Schleier und verschaffte sich somit Eingang. Den letzten Schleier streifte sie am siebenten Tor ab. Solange Ischtar in der Unterwelt weilte, stand alles Leben still auf Erden; es gab keine Liebe, kein Wachstum und keine Feste. Erst als sie wieder, mit ihren Schleiern bedeckt und somit ihre Geheimnisse vor den Augen der Menschen verbergend, aus der Unterwelt zurückkam, sproß das Leben auf Erden wieder. Ihre Vereinigung mit Tammuz wurde jedes Jahr zu Frühlingsbeginn gefeiert. Sie stand für das Wiedererwachen der Natur und des Lebens.*

Ischtars Schleiertanz lebte in der Geschichte weiter. Je nach der gesellschaftlichen Einstellung gegenüber der Frau wurde er verschieden interpretiert. Obwohl wir über Ischtars verführerischen Tanz nur Vermutungen anstellen können, ist anzunehmen, daß sie ähnliche Bewegungen ausführte, wie sie beim Bauchtanz üblich sind. Der Gürtel oder das Tuch, die bis heute von jeder tanzenden Frau im Nahen Osten um die Hüften gebunden werden, erinnern an Ischtars Tanz und machen die heutige Frau so zur Interpretin einer vergangenen Kultur.

Solche Erzählungen vom Tod und der Wiedergeburt alles Natürlichen gibt es in fast allen menschheitsgeschichtlichen Mythen. Erlebt und gelebt werden sie immer wieder tanzend.

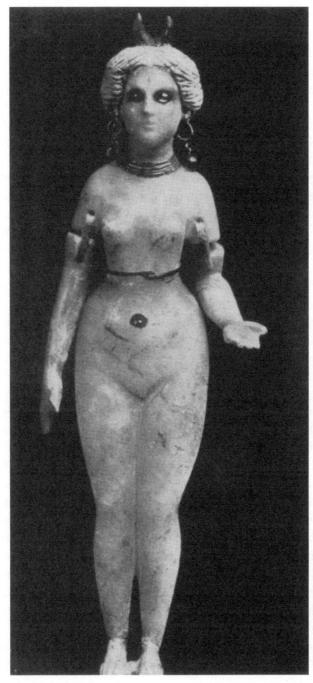

aus: Neumann 1974, Bildteil, S. 49

In der matriarchalen Zeit spielte der Mond eine wesentliche Rolle. Im matriarchalen Bewußtsein kam der Nacht die Priorität zu. Aus der Nacht, der Dunkelheit entsteht der Tag, das Licht, und nicht umgekehrt. (In der arabischen Sprache ist diese Einstellung noch vorhanden; so sagt man „Nacht und Tag", und man beginnt den Tag von der vorhergehenden Nacht an zu zählen. Die Jahresrechnung und die Monate richten sich bis heute nach dem Mondzyklus.)

Der Nachthimmel und die Erde wurden als Ureinheit empfunden, der Mond war der wichtigste Lichtkörper darin.

Seit es Menschen gibt, haben die Bewohner der Erde den Himmel beobachtet und versucht, anhand der Himmelskörper die Zeit zu berechnen. Die Mondphasen waren leicht zu erkennen. Deshalb ist zu vermuten, daß als erste Zeiteinheit nach Tag und Nacht der Mondmonat entdeckt wurde. Schon in prähistorischen Zeiten wurde der Lauf des Mondes aufgeschrieben oder, genauer gesagt, in Knochen oder Steine eingeritzt. Archäologen haben solche Mondkalender gefunden, die aus der Zeit zwischen 40.000 und 8.000 v. Chr. stammen: ein kurzer Strich für einen normalen Sonnentag, ein langer Strich für Vollmond oder Neumond. Fast genauso alt, aber noch präziser sind die Höhlenzeichnungen, die unter anderem in Spanien entdeckt wurden: In der Mitte befindet sich eine einem Menschen ähnelnde Mondgottheit, umgeben von zu- und abnehmenden Mondsicheln, ein dünner Strich steht für den Neumond, drei Punkte stellen den Vollmond und den Tag danach dar.[6] Der Zeitbegriff Monat war also definiert: Von Vollmond zu Vollmond oder von Neumond zu Neumond dauert es 29 Tage und Nächte. Zwölf Mondmonate entsprechen einem Mondjahr. Die Menschen entdeckten aber noch weitere Zusammenhänge: daß bei Vollmond auch in warmen Sommernächten die Wiesen mit Tau bedeckt sind, daß bei Vollmond die Haut des Menschen viel intensiver durchblutet ist; daß in Vollmondnächten mehr Kinder als sonst geboren werden und auch, daß der Zyklus der Frauen vom Mond bestimmt wird. Es gibt tatsächlich Menstruationskalender aus der Zeit um 30.000 v. Chr., in denen die für die Empfängnis günstigen Tage und die Anzahl der Mondmonate bis zum voraussichtlichen Geburtstermin registriert sind.

Man wußte also um den Einfluß des Mondes auf den Zyklus der Frau Bescheid, und es verwundert nicht, daß die Rituale, bei denen die Frauen zusammenkamen, just einmal im Monat stattfanden. Diese Blut- und Fruchtbarkeitsrituale fanden – meist in der Nacht – unter Ausschluß der Männer statt. Die Plätze, die dafür ausgesucht wurden, lagen meist auf Hügeln beziehungsweise an hochgelegenen Orten. Diese Hügel standen für das Weibliche, sie erhoben sich sanft aus der Erde wie der Bauch. Oben, auf dem Nabel, tanzten die Frauen der Urgesellschaft. (Bis heute gelten die meisten Heiligtümer der Erde als Welt-Nabel; dabei schwebt noch unbewußt die weibliche Symbolik der Erde mit.) Da es Fruchtbarkeitstänze waren, spielte der Bauch dabei eine wesentliche Rolle. Die Tänze dienten zur Stärkung der sexuellen Kraft, die Lebensfreude wurde geweckt und das Geheimnis des Lebens gepriesen. Die Frauen tanzten ihren Tanz, einen Tanz, der ihrem Körper entsprach und der all die Stimmungen und Gefühle, all die Sehnsüchte, Leiden und Freuden einer Frau ausdrückte. Durch ihn brachten sie sich in Einklang mit dem Universum, er gab sie dem Leben und dem Göttlichen hin. Und welcher Tanz konnte dies klarer und leidenschaftlicher ausdrücken als der Bauchtanz! Er kann als der älteste Tanz angesehen werden, den je eine Frau getanzt hat, als ältester Tanz der Zivilisation schlechthin.

Durch den Tanz wurde diese Sehnsucht ausgedrückt, über sich selbst hinauszuwachsen und dem Göttlichen näher zu kommen. Das Gebet war etwas Allumfassendes, bei dem der Mensch seinen Emotionen und Gefühlen keine Grenzen setzte. Sein ganzes Sein zitterte mit in seiner Anbetung, und zur völligen Öffnung diente der Tanz als wesentliches Element. Der Mensch benützte seinen Körper als Mittel, um einen spirituellen Zustand zu erreichen. Der Körper gab ihm die Möglichkeit, sein „Ich" aufzulösen und so dem Göttlichen näher zu rücken. Noch heute wird dies in vielen Religionen praktiziert, so etwa bei den Sufis, den mystischen Vertretern des Islam, die sich durch jahrhundertealte Bewegungen und Tänze in einen Zustand bringen, in dem sie des göttlichen Ursprungs eingedenk werden. Diese sakralen Tänze werden *dhikr* genannt, was soviel heißt wie anrufen oder (rück)erinnern an Gott. Das arabische Wort *raqs* für Tanz bedeutet auch „das Herz erbeben machen und zittern".

Das Instrument, das alle diese sakralen Tänze ursprünglich begleitete, war die Trommel. Ihr Rhythmus war der des Herzschlags. Der innere Rhythmus des Herzlautes löste den Sinn von Zeit und Raum auf. Der Tänzer weilte im intensiv erlebten Augenblick. Vergangenheit und Zukunft schwangen im Moment des Seins, und aller irdische Schmerz erlosch im Erkennen des Wesentlichen.

Die ersten Tempel, die die Menschen zur Verehrung des Göttlichen bauten, wurden weiblichen Göttinnen gewidmet. Es waren Priesterinnen, die darin dienten. Sie tanzten für die Göttin und verbanden sich durch den Tanz mit ihr. Die Energie, die dadurch in ihren Körpern freigesetzt wurde, gaben sie den Tempelbesuchern weiter, die sich an dieser göttlichen Kraft nährten. So wurde der Tanz vom Kult- zum Tempeltanz.

Die stärkste Energie, die im Körper entstehen kann, ist die sexuelle, und die Bewegungen, die diese Kraft am intensivsten hervorrufen, sind kreisende, wippende und vibrierende Bewegungen des Beckens und der Hüften sowie das Kontrahieren des Bauches – alles Formen, die im Bauchtanz enthalten sind.

Um zirka 3.000 v. Chr. begann der Niedergang der alten weiblichen Mondreligionen. Das Matriarchat vieler Kulturen wurde vom Patriarchat abgelöst. Die Mondgöttinnen wurden völlig in den Bereich des Dunklen und der Magie verdrängt. Es kam die Zeit der Sonnenmythologie und mit ihr die Herrschaft des männlichen Bewußtseins. Die ältere matriarchale Einstellung des Menschen wurde durch die hierarchisch-patriarchale ersetzt und das Weibliche in seiner Vielfalt nicht mehr anerkannt und respektiert. Das Dunkle (der Neumond), das ja nur einen Aspekt des Mondprinzips, des weiblichen Ursprungs widerspiegelt, wurde nun als negativ interpretiert.

Die frühesten Menschen hatten verstanden, daß die Kraft des neuen Lebens aus der dunklen Phase des Mondes stammt. Doch im Laufe der Jahrhunderte vergaßen sie diese Wahrheit und begannen sich vor dem Dunkelmond zu fürchten – eine Einstellung, die im folgenden Zeitalter der Sonnengötter kräftig gefördert wurde und bis zum heutigen Tag existiert.[7]

Die Partnerschaft und Ergänzung von Frau und Mann wurde verzerrt, die Natur- und Lebensverbundenheit der Frau sowie ihre stolze Kraft wurden als dunkel, profan und gefährlich für die „geistigen" Bestrebungen des Mannes angesehen. Und doch faszinierte den Mann diese Kraft und zog ihn an; ein Dilemma, das sich wie ein roter Faden durch die ganze männliche Geschichte bis hinein in unsere Zeit zieht.

Jede der Kulturen und Religionen versuchte dieses „Problem" auf eine andere Weise zu lösen.

Der Übergang von der Mond- zur Sonnenmythologie erfolgte nicht spontan, sondern fließend. Viele Rituale der Großen Mutter lebten noch lange nach dem Untergang der matriarchalen Ganzheitseinstellung weiter, so manche Symbolik wurde in den männlich geleiteten Mythos übernommen und neu interpretiert.

Mit dem Wandel der Zeitläufte veränderte sich auch der Tanz der Frauen. Er bekam einen anderen Sinn und eine neue Bedeutung. Die Sinnlichkeit und die erdverbundene Sexualität, die sich durch ihren Tanz ausdrückte, ihre Verführung zum Leben sollte nicht mehr der Frau und dem Mysterium des Seins dienen, sondern zum Vergnügen und zur Stimulierung der Zuseher.

Ursprünglich war also der sakrale Frauentanz, bei dem vor allem die Hüften und das Becken bewegt wurden, auf der ganzen Welt vertreten. Damals war der Tanz noch eine Form der Anbetung und des Gebetes, die Religion floß als ein einheitlicher Teil des Alltags in jeden Aspekt des Lebens hinein. Doch als die primitiven Kulturen sich zu entwickeln begannen und vielschichtiger wurden, verdrängte der neue Glaube die mit dem alten verbundenen Rituale. So starb auch der Frauenbeckentanz in vielen Teilen der Welt aus. An manchen Orten aber entwickelte sich das sakrale Tanzritual zu einem Unterhaltungstanz.

Der Tanz in den ersten Hochkulturen

Im pharaonischen Ägypten und in Kreta, also in den ersten antiken Klassengesellschaften, vollzog sich erstmals die Trennung des Tanzes – in einen Tanz der Herrschenden und in einen des Volkes. Die Teilung in soziale Klassen ließ eine „Hochkultur" des Tanzes entstehen.

In der kretisch-mykenischen Kultur (1.600-1.200 v. Chr.) spielte der Tanz eine besondere Rolle, da die kultischen Riten und das Alltagsleben noch eine Einheit bildeten. Die matriarchale Prägung dieser Gesellschaften, die sich gleichermaßen in der Verehrung von Göttinnen wie in der machtvollen gesellschaftlichen Position der Frauen zeigte, führte nicht nur zu einer hohen Beteiligung der Frauen an den Tänzen. Vielmehr waren es gerade die Frauentänze, die der kretischen Tanzkultur ihr spezifisches Gepräge gaben.[8]

Zur gleichen Zeit zeigten sich in der ägyptischen Kultur erste Trennungen zwischen dem kultischen und dem sozialen Leben. Hier vollzog sich der historische Übergang vom Mutter- zum Vaterrecht. Dieser Wandel schlug sich auch in der Tanzkultur nieder. Bei offiziellen Anlässen tanzten meist nur die Herrschenden, Könige und Priester, während die Oberschicht Frauen nunmehr für sich und ihr Vergnügen tanzen ließ. Der gesellschaftliche Machtverlust der Frauen spiegelte sich in ihrer geringeren Bewegungsfreiheit wie auch im Funktionswandel der Frauentänze wider. Hier gibt es die ersten Belege von professionellen Tänzerinnen, von Mädchen und Frauen, die zur Unterhaltung anderer tanzten, und somit Beweise für den Übergang des Tanzes vom Sakralen zum Profanen, zum Schautanz. Der rituelle Tanz, an dem sich die ganze Gemeinschaft beteiligte, wurde durch den Unterhaltungstanz ersetzt, den professionelle Tänzerinnen ausübten.

Die Griechen und der Tanz

Schon im klassischen Griechenland mit seiner ausgeprägten patriarchalen Struktur wurde der weiblich-selbstbewußte Tanz wegen des untergeordneten Status der Frau fast völlig verdrängt. Trotzdem überlebten Fruchtbarkeitstänze, die aus kreisenden Bewegungen des Beckens, schwingenden Hüften und dem Schütteln des Gesäßes bestanden.

Die Griechen maßen dem Tanz zwar große Bedeutung zu – er sollte den Körper einerseits harmonisch ausbilden und ästhetische Bewegungsabläufe schulen, andererseits aber diente der Tanz mit seinen gymnastischen Übungen vor allem zur Vorbereitung auf den kriegerischen Einsatz. Die Vollkommenheit in einer herrschaftlich-militärischen Kultur konnte nur im Mann ihren Ausdruck finden. Oder, wie Sokrates es formulierte: Diejenigen Männer, die am besten tanzten, waren auch die besten Krieger. Zunehmend kam es zu einer Formalisierung des Tanzes, in dessen Verlauf „Eigendenken und Eigenwollen des Tänzers verschwinden. Das Persönliche wird abgestreift, und in strenger Gleichförmigkeit bewegt sich der Tanzende marionettenhaft wie an den Drähten eines unsichtbaren Meisters".⁹

Wir unterteilen die griechischen Tänze in folgende Gruppen: die kriegerischen Waffen- und Marschtänze, die nur von Männern getanzt wurden; die religiösen Tänze, etwa der von Frauen zur Verehrung der Demeter und zu Ehren anderer Gottheiten der Vegetation und des Erdbodens getanzte; sowie Tänze nicht öffentlichen Charakters, also bei Begräbnissen, Geburten, Hochzeiten, Tänze bei Festen und andere Volkstänze.

Allgemein kann gesagt werden, daß Formalisierung und Entindividualisierung des Tanzes – außer bei den privaten Festen – vor allem die Frauentänze betrafen.

Die niedrige soziale Stellung der Frau verdeutlichte sich in ihrer Spaltung in die ehrbare, tugendhafte und anständige Bürgerin, für die sich intensive körperliche Bewegungen nicht geziemten, und in die lustvoll-erotische Hetäre beziehungsweise Prostituierte, die in Stellungen und Haltungen der alten Fruchtbarkeitsriten tanzte – essentielles Charakteristikum: die wellenförmigen Bewegungen der Hüften und des Bauches –, ohne jedoch den religiösen Sinn der Tänze zu begreifen. Die Prostituierte stellte ihre körperlichen Reize zur Schau – zum Vergnügen und zur Lust ihrer männlichen Zuseher. Auf diese Weise blieben zwar die ursprünglichen Elemente des Frauentanzes erhalten, wurden aber säkularisiert und zum Zweck männlicher Schaulust umgewertet; eine Einstellung, die sich bis zum heutigen Tage weitgehend erhalten hat.

Die Römer und der Tanz

In der altrömischen Kultur besaßen kultisch-rituelle oder ekstatische Tänze keine bedeutsame Tradition. Sie waren aus den Riten weitgehend ausgeklammert. Erst mit der Unterwerfung des hellenistischen Ostens fanden etruskische und griechische Tänze Eingang in die römische Kultur, vor allem bei Festen zu Ehren des Gottes Bacchus.

In der römischen Kaiserzeit (27 v. Chr. bis 476 n. Chr.) erlebte der Tanz dann einen beachtlichen Aufschwung, insbesondere die pantomimischen Tänze. Die „Vergeistigung" des Tanzes in der dramatischen Handlung der Pantomime kam der römischen „Kopf"-Kultur entgegen, die die körperliche Ekstase schon längst aus dem öffentlichen Leben ausgeblendet hatte.[10] Die Tänze der höheren Gesellschaftsschichten wiesen intellektualisierte Züge auf, während die kultisch-rituellen Elemente in den Tänzen der unteren Schichten weiterlebten. Im allgemeinen maßen die Römer dem Körper eine geringe Bedeutung bei und hatten ein distanziertes Verhältnis zu ihm; unter gewissen Umständen wurde er sogar als Strafe oder als Kerker für die Seele empfunden. Nicht körperlich-geistige Vollkommenheit wie bei den Griechen bestimmte das soziale Ansehen eines Menschen, sondern Reichtum, Abstammung, politische Erfolge und die Anzahl der Kinder.

Die ökonomische und politische Ausgrenzung der Frau aus der römischen Gesellschaft und die Beschränkung ihrer Bewegungsfreiheit sowie die herrschaftliche Verfügungsgewalt über ihren Körper fanden ihren Ausdruck auch im Tanz. Als respektablen Bürgern war den hochgestellten Römern der Tanz eine Unterhaltung, ein Sinnengenuß. Die bekanntesten Unterhaltungstänzerinnen wurden aus Cadiz importiert, einer Stadt, die eine phönizische Kolonie gewesen war, bevor sie von den Römern erobert werden konnte. Die Tänzerinnen aus Cadiz waren für „ihre bebenden Schenkel und anschmiegsamen Hüften" bekannt, wie sie der römische Dichter Ovid begeistert beschrieb. Auch Tänzerinnen aus Syrien, die mit Kastagnetten und zum Flötenspiel wollüstige Bewegungen ausführten, wurden nach Rom geholt. Im vierten Jahrhundert n. Chr. soll allein Rom 3.000 fremde Tänzerinnen beherbergt haben.

Mit dem allmählichen Zerfall des Römischen Reiches kam es zu einer Lockerung des patriarchalen Sitten- und Moralkodex, wodurch die Frau gewisse gesellschaftliche Freiräume fand. Frauen drangen allmählich in Politik und Gesellschaft ein und eroberten auch die Tanzszene als professionelle Tänzerinnen. Doch dies bedeutete im Grunde genommen keine Gleichstellung, denn gleichzeitig erhielten die Tänze zunehmend sexuell-animierende Züge, die den weiblichen Körper zu einem Objekt männlicher Schaulust degradierten. Die Frau wurde zur fleischlichen Inkarnation des Verdrängten, Verbotenen und bildete somit den Gegenpol zu den Trägern der patriarchalen Macht.

Das Christentum

Mit dem Übergang vom Heiden- zum Christentum und der Ausbreitung des Christentums im Mittelmeerraum kam es allmählich zu einer Transformation der hellenistisch-römischen Kultur. In den ersten beiden Jahrhunderten nach Christi Geburt besaßen die Kirchenväter noch eine positive Einstellung zur Körperlichkeit. Sie vertraten ein ganzheitliches Menschenbild, in dem der Leib, verstanden als ein beseelter Körper, eine besondere Würdigung erhielt: Der Mensch galt in seiner Ganzheit, einschließlich seiner körperlichen Existenz, als ein Geschöpf Gottes.[11] Diese positive Einstellung beruhte auf einer damals offiziellen Auslegung der Bibel. Folgerichtig wurden die gymnastische Erziehung der Jugend sowie der Tanz von der Kirche unterstützt.

Doch schon gegen Ende des zweiten Jahrhunderts setzte sich eine leibfeindliche und triebverneinende Richtung durch. Nur durch die Verneinung des Körpers, durch Sittlichkeit und reine Denkfähigkeit könnte die Seele befreit werden und zum einen Gott zurückfinden, so die nunmehrige Lehrmeinung. Die Folge war die Aufspaltung der leiblichen Ganzheit in Geist, Seele und Körper, wobei der Körper als Sitz der Begierde verdammt wurde. Die augustinische Erbsündenlehre prägte auch den Glauben, die Frau sei Trägerin der Sünde und in der Folge die Verkörperung aller Sündhaftigkeit. Immer mehr veränderte sich die offizielle Einstellung der herrschenden Schichten zum Tanz, bis er von der christlichen Moral endgültig verdammt wurde. Die einzige zentrale politische Macht des Mittelalters, die katholische Kirche, sah im kultisch-rituellen Tanz eine große Gefahr für den neu entstandenen körper- und lustverneinenden Sittenkodex. Der heilige Charakter der Erotik, also die Verbundenheit von sexueller und spiritueller Energie, war mit dieser Lehre unvereinbar. Das zeigte sich in der großen Abneigung der Kirche gegen den Tanz im allgemeinen, wobei die Kulttänze als Ausgeburt des Bösen angesehen wurden.

Das Mittelalter

Innerhalb der Geschichte Europas ist das Mittelalter – vor allem bis zum 12. Jahrhundert – die Zeit, in der dieser Erdteil im Rahmen der Geschichte am wenigsten ins Gewicht fiel. Die Welt des Islam, das Imperium von Byzanz und das Chinesische Reich waren damals die Gebiete der Hochkulturen. Das Abendland, Auflösungsprodukt des kaum noch wiederzuerkennenden Römischen Reiches, mühte sich indessen darum, nicht den Horden anheimzufallen, die in aufeinanderfolgenden Wellen Westeuropa zu überschwemmen drohten. Das Wiederaufleben Westeuropas begann erst wieder im 12. Jahrhundert.[12]

Obwohl das Mittelalter nicht als einheitliche Epoche dargestellt werden kann, sind doch einige allgemeine grundlegende Charakteristika festzustellen. Die Kirche bestimmte seit dem sechsten Jahrhundert, in einer Zeit geringer zentraler gesellschaftlicher Kontrolle, die erlaubten Normen im Umgang mit dem eigenen Körper sowie das Verhältnis der Geschlechter zueinander. Die mittelalterlichen Veränderungen der Familienstruktur wirkten auf das Verhalten der beiden Geschlechter zueinander ein. Die frühmittelalterliche Sippenfamilie betrachtete den Einzelmenschen als Glied einer Kette. Geschlechtlichkeit diente, soweit sie institutionalisiert wurde, der Fortsetzung der Ahnenreihe. Deshalb wurde auf Ebenbürtigkeit des Ehepartners geachtet, weil sich Rang und Wert der Menschen durch das Blut fortpflanzten. An der Eheschließung hingen außerdem Erhalt und Erwerb von Grundbesitz, also von Macht; auch deshalb stand Geschlechtlichkeit unter schärfster Kontrolle der Sippe und durfte sich nicht frei ausleben, es sei denn in flüchtigem Sinnenrausch ohne Folgen. Die spätmittelalterliche Hausfamilie war von der Forderung nach Kontinuität weithin entlastet und erstrebte eher den Austausch in der Gegenwart. Noch immer konnten sich dabei adelige Abstammung und bürgerlicher Reichtum zusammentun, doch wurde die soziale Kontrolle weniger von der Verwandtschaft als von der öffentlichen Meinung ausgeübt, die standesgemäßes Leben und musterhafte Einehe verlangte. Doch die mittelalterliche Ehe wies da und dort durchgehende Züge auf. Sie wurde vom Mann beherrscht, weil er Träger des öffentlichen Lebens war. Das Aufgabenfeld der Frau war weniger das Notwendige als das Erwünschte.[13]

Die Bauersfrau war in die alltägliche Plage des Lebensunterhaltes gnadenlos mit eingespannt und kein Luxusweibchen; vor dem Geschlechtstrieb mußte der Hunger gestillt werden. Dennoch konnte sie matriarchalisch wirken, zumal auf dem Land erheblicher Männerüberschuß herrschte – in den Dörfern der Abtei Saint-Germain des Prés um 820 etwa im Verhältnis 132:100.

Im bäuerlichen Kreis zählte die Frau offenbar weit mehr als in höher spezialisierten Gemeinschaften. Beim Adel, der kriegerische Kraft schätzte, verwundert die Benachteiligung der Frau ebensowenig wie beim Bürgertum, das kaufmännische und handwerkliche Arbeitsteilung brauchte. Hier gab es für die Frau nur ein Lebensziel: die Ehe.[14]

In mittelalterlichen Städten bestand Frauenüberschuß, zum Beispiel 1449 in Nürnberg im Verhältnis 100:88.[15] Unter solchen Umständen wurde die Frau zur billigen ungelernten Arbeitskraft und zum Objekt männlicher Sinnlichkeit. Sie konnte sich ihren Unterhalt zumeist nur durch Prostitution erwerben und bestätigte damit die Einstellung, die sie als den Mann verführende Eva ansah. Dies machte die Ehe erst recht zur Lebensversicherung für die Frau und zur Belastung für den Mann. Einzige Alternative war das Kloster.

Die soziale Diskriminierung von Frauen, begründet auf dem Rechtswesen und der Familienstruktur, führte im Verlauf des späteren Mittelalters zur Hexenverfolgung, zur Folterung und Tötung einer Unzahl von Frauen. Die Kirche verdammte in der Folge Tanz und Gesang generell. Trotz all dieser Verbote praktizierte das Volk – zumeist bei geselligen Anlässen – weiterhin tänzerische Rituale.

Vom 11. Jahrhundert an veränderte sich die mittelalterliche Gesellschaft. Sie expandierte auf allen Ebenen, sowohl im Inneren wie im Äußeren, die Bevölkerung wuchs, die landwirtschaftlichen Nutzungsflächen vergrößerten sich, neue Transportwege und -mittel wurden geschaffen, und die Städte wuchsen infolge einer Arbeitsteilung von handwerklicher und gewerblicher Produktion.[16] Der Körper rückte wieder in den Blickpunkt, doch diesmal vor allem im Hinblick auf körperliche Leistungsfähigkeit und Wehrtüchtigkeit.

Ritterlichkeit wurde zum ideologischen Bestandteil der modernen gesellschaftlichen Oberschicht. Die Frauen dieser Oberschicht, bis vor kurzem noch als Eigentum des Mannes empfunden, wurden jetzt idealisiert und verehrt. Es war die Verehrung eines Bildes, einer Theorie.

Die Lebensumstände der Frau verbesserten sich deswegen nicht. Adelige Frauen eigneten sich die männlichen Projektionen an und verinnerlichten das neue Wertesystem der höfischen Moral. Sie halfen mit bei der Schaffung eines sittlich-tugendhaften und christlichen Frauenbildes, das gleichzeitig das neue männliche Ideal des „Gentleman" prägte. Gleichzeitig setzte in den oberen Schichten – freilich beschränkt auf das öffentlich Sichtbare – ein Prozeß der Triebdämpfung und Körperkontrolle ein, der zu einer distanzierten Beziehung der Geschlechter führte. Damit grenzte sich die Oberschicht von der bäuerlichen Schicht ab, die einen eher lockeren und körperbetonten Umgang miteinander pflegte. Das hatte deutliche Auswirkungen auf den Tanz. Der „Tanz der gehobenen Gesellschaft" eliminierte alle schwungvollen Bewegungen und formte sich zu einem gemäßigten Paartanz, der zunehmend distanzierter und formalisierter wurde. Die Tanzpartner faßten einander nur mehr an den Händen, die überdies mit Handschuhen bedeckt waren, während die Kleidermode mit ihren schweren Stoffen einerseits die Konturen der Frauen betonte, andererseits die Bewegungsfreiheit einschränkte. Bewegt wurden fast nur mehr die Hände und der Kopf. Ganz anders am unteren gesellschaftlichen Ende: Die weiten, formlosen Kleider der Bauern und Handwerker ermöglichten weiterhin die wildesten Tänze.

Zu dieser Zeit waren es vor allem die Zigeuner, die schwungvolle, wollüstige und erdige Beckentänze von Asien nach Europa brachten. Auf der Flucht vor Hunger und vor den Härten des Lebens in Indien begannen sie im fünften Jahrhundert gen Westen zu wandern. Manche kamen über Afghanistan und die Türkei nach Europa, andere wiederum über Ägypten und Spanien. Die Zigeuner waren immer für ihre nonkonformistische Einstellung gegenüber den Werten der europäischen Gesellschaft bekannt, weswegen sie oft mit Feindseligkeiten konfrontiert waren. Musik, Lieder und Tanz spielten bei ihnen eine wesentliche Rolle. Durch diese gelebte Kultur wurde ihre bis heute ungeschriebene Geschichte von Generation zu Generation weitergegeben.

Ihre Künste verwendeten sie teilweise, um über die Ansprüche und Wertvorstellungen der vornehmen Gesellschaft, die sie gleichzeitig damit auch unterhielten, zu spotten. Hatten sich Zigeuner (Roma, Sinti und andere) einmal in einer Kultur niedergelassen, so nahmen sie deren Volksmusik und -tanz auf und arbeiteten diese in ihr Repertoire ein. So wandelten sich ihre Tänze nach und nach unter dem Einfluß der jeweiligen Kulturen, denen sie begegneten. Der Westen lernte den orientalischen Bauchtanz erstmals in Gestalt tanzender Zigeunerinnen kennen. So wurden Zigeuner zu den Trägern von Künsten, die teilweise gesellschaftlich verdrängt wurden. Man kann also nicht sagen, daß der Bauchtanz das Produkt einer einzigen Kultur oder eines einzigen Stammes ist; er ist eine Mischform, getragen von einem Wissen, das seit Jahrtausenden besteht und sich mit den historischen sozialen Gegebenheiten entwickelt hat. Eines ist jedoch sicher – seine Kraft und Ausstrahlung hat er über alle Zeiten bewahrt.

Der Einfluß der Zigeuner auf den Tanz zeigte sich auch in anderen Ländern. Im ländlichen Ägypten etwa werden professionelle Tänzerinnen bis heute *ghawazi* genannt. Dieser Name ist auch allgemein für Zigeuner in Gebrauch. In den Städten ist für eine Tänzerin die Bezeichnung *raqqasa* – von *raqs*, Tanz – üblich. Das Wort *ghawazi* bedeutet Eindringling, Außenseiter, denn Zigeuner lebten immer am Rand einer Gesellschaft. Die wichtige Rolle, die die Zigeuner als professionelle Tänzer auch in der Türkei innehatten, zeigt sich in dem alten türkischen Namen für Tänzerin, *cengi*, von dem man glaubt, daß er sich vom Wort *cingene* – Zigeuner – ableitet.

Die arabisch-islamische Welt

Der Fruchtbarkeitstanz und die damit verbundenen Initiationsriten, der Tanz, der zur Verehrung der Erde, der Nahrung, des Lebens, also der Großen Göttinnen diente, wurde dort, wo diese Religion verbannt wurde, zwar verdrängt, aber nie ganz vergessen.

An der Nordküste Afrikas, in den südlichen und östlichen Mittelmeerländern sowie in den Wüsten des Vorderen Orients durchlief der Frauentanz eine erstaunliche Entwicklung. Frauen entwickelten in der arabisch-islamischen Welt einen Tanz von hoher Kunstfertigkeit und Mannigfaltigkeit. Seine Basis waren die Beckenbewegungen, um die herum sich alle anderen Formen bildeten. Obwohl zwischen diesem Tanz und den alten Fruchtbarkeitstänzen keine bewußte Verbindung bestand, behielt er doch deren kraftvollen Ausdruck bei.[17]

55

Im arabischen Kulturkreis existierte immer eine ambivalente Einstellung zum Frauenbeckentanz. Der Tanz zwischen den Geschlechtern ist im Islam verpönt; ein Tanz, der so viel Erotik vermittelt und die weibliche sexuelle Kraft so fördert, darf nicht öffentlich vorgeführt werden. Der Islam erkennt zwar die machtvolle Kraft der Frau an, sieht diese aber als potentielle Gefahr für die Gesellschaftsstruktur, wenn sie nicht durch Regelungen kontrolliert wird – daher: Verschleierung, Geschlechtertrennung und Absonderung. In der Literatur wird der Bauchtanz nur spärlich erwähnt und wenn, dann wird nicht der Tanz selbst beschrieben, sondern eher seine betörende, sinnenraubende Wirkung auf den Zuseher.

Die Frauen indes hatten nie aufgehört, den Frauenbeckentanz unter sich zu tanzen. Sie genossen und nutzten ihn für ihr tägliches Leben und für ihre Zeremonien. Als dieser Tanz noch zu den religiösen Ritualen gehörte, schlossen die Frauen die Männer vom Zusehen aus; nun aber wurde diese Abgeschiedenheit auch von außen forciert.

Tänzerinnen, die öffentlich auftraten, waren meist arme Frauen, die so ihren Lebensunterhalt verdienten, wobei sie oft gleichzeitig der Prostitution nachgingen. Die Ärmsten tanzten auf Marktplätzen, während die vom Schicksal Begünstigteren in vornehmeren Häusern auftreten konnten. Reiche Frauen hatten diesen gesellschaftlich verpönten Weg nicht notwendig. So wurden öffentlich auftretende Tänzerinnen zumeist als Prostituierte und der Tanz weniger als Kunstform, sondern als ein Zweckmittel angesehen, mittels dessen die Tänzerin sich materiell verbessern konnte.

Auf persischen Miniaturen des 17. bis zur Mitte des 19. Jahrhunderts kann man erkennen, daß die Kleidung der damaligen professionellen Tänzerinnen aus bodenlangen, leuchtenden Gewändern mit weiten Hosen darunter und einem Gürtel oder einer Schärpe um die Taille bestand. Im 19. Jahrhundert änderte sich die Kleidung unter dem Einfluß der europäischen Ballettmode, und die Tänzerinnen am persischen Hof begannen knielange Röcke mit einer transparenten Bluse zu tragen. Von da an wurde die Kleidung der Tänzerin immer freizügiger und stoffärmer.

Der Ruf einer professionellen Tänzerin hing vom sozialen Status ihrer Zuseher ab. Jene, die für die reiche Elite tanzten, waren angesehen und wurden oft selbst recht wohlhabend. Anders erging es jenen, die Tanz und Prostitution verbinden mußten, um ihren Lebensunterhalt zu verdienen. Sie lebten meist am Rand der Gesellschaft und heirateten nur innerhalb ihres Stammes. Oft waren sie es, die die ganze Familie ernährten.

Einer dieser Stämme waren die „Ouled Nail", die in der Steinsahara Algeriens lebten – der Name ist entweder als die „Kinder Nails" zu übersetzen oder auch als die „Kinder der Beschlagenen" (mit Eisen beschlagene Hufe beziehungsweise Sandalen), da sie beim Tanz kraftvoll mit den Fersen aufstampften. Hier lernten die Frauen das Tanzen von Kindheit an. Mit zwölf Jahren verließen sie ihren Stamm und machten sich zu anderen Orten auf, um dort ein neues Leben zu beginnen. Meist lebten sie mit einer älteren Frau zusammen und reisten von Oase zu Oase, in Kaffeehäusern tanzend und den Beruf der Tänzerin mit dem der Prostituierten verbindend. Wenn sie genug Geld erwirtschaftet hatten, kehrten sie zu ihrem Stamm zurück, heirateten und begannen, ihre Töchter im Tanz zu unterrichten. Kein Wunder, daß in solchen Stämmen die Ankunft einer Tochter hoch gefeiert wurde, denn das Mädchen war es, das der Familie Wohlstand brachte.

Der Tanz dieses Stammes spiegelte die Rituale der Natur wider. Er setzte sich aus Schleifschritten nach vor und zurück und dem starken Aufschlagen der Füße auf den Boden zusammen, letzteres, um die Geister der Erde zu erwecken. Intensive und rhythmische Bewegungen des Bauches und der Hüften waren in den Ablauf integriert. Hände und Arme führten bei den symbolischen Fruchtbarkeitstänzen Bewegungen aus, die das Oben und Unten, den einzelnen und die Gemeinschaft, das Ewige und das Vergängliche zu verbinden suchten.[18] Schrilles Trillern durchdrang die Tänze der „Ouled Nail".

Wie alle professionellen Tänzerinnen trugen die „Ouled Nail" ihr ganzes Hab und Gut in Form von Schmuck bei sich. Die Goldmünzen, die sie besaßen, nähten sie an ihre Gürtel und gaben damit ihren Bewegungen einen zusätzlichen Klang. Die „Ouled Nail" trugen gerne breite silberne Armreifen, die von großen Stiften und Spitzen übersät waren. Das schützte sie vor Dieben und Angreifern. Ihre bestickten, weiten, mehrschichtigen Kleider mit großzügigen Ärmeln wurden mit Silberschnallen drapiert, an denen meist Amulette und Talismane gegen den bösen Blick hingen. Das Haar färbten sie mit Henna rot ein, und sie trugen kronenhafte Messing- oder Stoffkäppchen, von denen herabhängende Kettchen das Gesicht umspielten. Die Augenbrauen wurden mit Kohle stark nachgezogen, die Wangen mit roter Farbe betont. Dies verlieh ihren Gesichtern ein etwas maskenhaftes, transzendentes Aussehen. Bis zu Anfang dieses Jahrhunderts waren die „Ouled Nail" im ganzen maghrebinischen Raum weit verbreitet, und der Name stand allgemein für Tänzerinnen, auch wenn sie nicht zu diesem Stamm gehörten. Den Europäern galt ihre Form des Bauchtanzes als ursprünglich, die Prostitution war eng damit verwoben.

Wie jede Gesellschaft weist auch die arabisch-islamische einen Widerspruch zwischen Glauben und Praxis auf. Im Islam der scholastischen Theologen unterliegen Musik und Tanz allgemein der Zensur, obwohl es immer wieder theologische Diskussionen gab, bei denen die Allgemeingültigkeit dieser Auffassung hinterfragt wurde. Doch in der philosophisch-spirituellen Richtung und im populären Volksglauben werden Musik und Tanz – wie auch bei vielen mystischen Schulen – als Mittel auf dem „Weg zum göttlichen Ursprung" des Menschen verwendet. Der Tanz dient hier dazu, das Selbst zu sprengen und zu heilen, er wird nicht als Ablenkung, sondern als Mittel zum Zweck verwendet.

Als Volkstanz hat sich der Frauenbeckentanz mit seiner weniger offensichtlichen Erotik, als Gemeinschaftsereignis vor allem in ländlichen Regionen beheimatet, bei allen Ritualen und Initiationsfesten erhalten. Er wurde dort immer akzeptiert. Er wird *raqs baladi*, der „einheimische Tanz", genannt und ist vor allem in Ägypten stark vertreten. Der „einheimische Tanz" ist ein weiblicher, erdiger Tanz, bei dem das Becken und die Hüften intensiv eingesetzt werden, die Arme und der Oberkörper aber kaum zur Geltung kommen. Es existiert kaum ein gesellschaftliches Ereignis ohne ihn. Hochzeiten, Beschneidungsrituale und interfamiliäre Feste sind ohne diesen Tanz unvorstellbar.

Tritt eine professionelle Tänzerin auf, dann führt sie indes meist den *raqs sharqi* auf. Der *raqs sharqi* oder „östliche Tanz", wie er in seiner Heimat genannt wird, ist ein Tanz, der auf dem *baladi* basiert und zusätzlich Elemente aus anderen Tanztraditionen – indische, persische, türkische und neuerdings auch westliche Ballettelemente – in sich aufgenommen hat. Allgemein gilt er als der klassische arabische Tanz, da er der kultivierteste und subtilste unter den Tänzen ist. In diesem Tanz werden der Oberkörper ebenso wie die Arme und Hände

und auch der Kopf graziös eingesetzt. Während das Becken dem Rhythmus der Trommeln folgt, setzen Oberkörper, Arme und Hände melodiöse Akzente.

Obwohl professionelle Tänzerinnen bis heute im arabischen Raum verrufen sind, gibt es doch genug Professionelle, die versuchen, die Tiefe ihres Tanzes zu zeigen, um ihn vom Animier- zu einem Kunsttanz zu erheben. Doch ein Tanz wie der Bauchtanz, getragen von der weiblichen sexuellen Kraft, von Lebenserfahrungen und von Selbstwertgefühl, wird immer Anstoß und Diskussionen hervorrufen, solange zumindest, wie Sexualität, Reife und Weiblichkeit in ihrer Ganzheit nicht akzeptiert sind.

Das Bürgertum

Im 13. Jahrhundert kam es zum Aufschwung der bürgerlichen Stadtkultur, zuerst in Oberitalien, später in Holland und anderen Ländern. Mit der beginnenden Landflucht wurde auch die wirtschaftliche Macht der Kirche geschwächt. Die vielen Entdeckungen dieser Zeit und die Vielzahl der Kriege führten zu inneren sozialen Auflösungstendenzen und zur Ablehnung des kirchlich-feudalen Weltbildes. Eine Sehnsucht nach Triebbefriedigung und körperlichen Freuden machte sich breit. Ein – durch die vielen Kriege bedingter – Überschuß an Frauen ließ diese in die Städte strömen und im Handwerksgewerbe arbeiten. Frauen gründeten eigene Zünfte und religiöse Frauengemeinschaften und waren im Kleinhandel tätig, insbesondere im Verkauf von Arzneiprodukten und Zaubermitteln.

Die Heilkunst oblag traditionellerweise den Frauen, deren Wissen über die Wirkungsweise von Kräutern und Säften und deren Kenntnisse über Geburtshilfe, Empfängnisverhütung und Abtreibung über Generationen hinweg überliefert worden waren.[19] Doch die gesellschaftlichen Freiheiten und ihre relative Gleichstellung im Produktionsprozeß wurden ihnen alsbald wieder entrissen, da sie in „... ihrem urkommunistischen Kollektivdenken und ihrer Autonomie tatsächlich eine Bedrohung für die ‚sakramental-hierarchischen' Strukturen der Kirche und des Geschäftslebens darstellten".[20] Sie wurden der Hexerei, der

Ketzerei und der durch ihre Natur bedingten Unersättlichkeit in fleischlichen Begierden bezichtigt und verfolgt. Ihr Wissen um natürliche Heilverfahren bezeichnete die aufkommende wissenschaftliche Medizin als barbarisch.

Doch die Auflösung der mittelalterlichen Abhängigkeitsstrukturen und Wertsysteme und die dadurch bedingten Ängste und Hoffnungen ließen sich nicht mehr aufhalten. Dies zeigte sich auch in den Tanzformen jener Zeit. In manchen Regionen kam es zu einer regelrechten Tanzwut, mit der sich das Volk, als eine Reaktion auf die Triebunterdrückung durch das mittelalterliche Herrschaftssystem, von seinen Ängsten und Zwängen zu befreien suchte. Gesellschaftlich entscheidend war jedoch eine tiefe Spaltung der Bevölkerung. Während die unteren Schichten sich mit ekstatischen Tänzen zu befreien versuchten, begannen sich die bürgerlichen Schichten körperlich um so kompromißloser zu disziplinieren und ihre Tanzkultur der des Adels anzupassen. So wurde die ursprünglich nur vom Klerus gepredigte Lust- und Körperfeindlichkeit zu einem gesellschaftlichen Gebot, zu einem scheinbar freiwilligen Streben nach Disziplinierung[21] und Körperbeherrschung. Die Geometrisierung des menschlichen Körpers und im weiteren des Raumes fand Eingang in die Bewegungsmuster der höfischen Tänze, später in das Ballett, und weitete sich auch auf die bürgerlichen Gesellschaftstänze aus. Die wilden Bewegungen des Tanzes galten fortan als primitiv beziehungsweise gefährlich, weil sie die Sinne anregten und die Hemmungen eliminierten.

Allgemein kann gesagt werden, daß diese lustfeindliche Einstellung gegenüber dem Körper eine Körperhaltung hervorbrachte, die zu einer Verschiebung des Körperschwerpunktes von der Bauchregion in den Brustraum führte. Diese „Erhöhung" ermöglichte den Schein der Leichtigkeit und Erdenthobenheit des Körpers wie auch einen variableren Umgang mit dessen Extremitäten.[22] Der Atem wurde im oberen Teil des Körpers mit einer gleichzeitigen Kontraktion der Bauchmuskulatur angehalten. Sich so zu bewegen, galt als körperlicher Ausdruck von Erhabenheit und Aristokratie.

Das Industriezeitalter

Die Durchsetzung der bürgerlich-industriellen Gesellschaft im 16. Jahrhundert, der Aufstieg des Kapitalismus sowie der Technik und die damit verbundene rücksichtslose Ausbeutung der äußeren Natur verstärkten die Forderung nach einem sich selbst disziplinierenden Individuum. Die Erfindung und vor allem die auf breiter Basis durchgesetzte Präsenz der Uhr machte den Menschen zusätzlich unabhängig vom Rhythmus der Natur, entfremdete ihn ihr. Das individuelle Zeitempfinden, der eigene persönliche Rhythmus, basierend auf der Verbundenheit mit der Natur und dem Glauben, wurde nun durch eine allgemeingültige, lineare und abstrakte Zeiteinteilung ersetzt. Der Durchbruch der „exakten" Naturwissenschaften mit ihren mathematischen und technischen Erklärungen der Naturvorgänge, als deren Schöpfer der Mann galt, konstruierte eine Distanz zwischen der inneren und äußeren Natur. Reiner Geist begann seinen Siegeszug über die Triebe, Affekte und Emotionen. Alle Bedürfnisse oder Erlebnisweisen, die eine Gefahr für diese bewußte Kontrolle hätten entstehen lassen können, wurden mit Mißtrauen und Angst betrachtet. Und mit der ideologischen Gleichsetzung der Weiblichkeit mit Naturhaftigkeit und Körperlichkeit – im Gegensatz zum männlich kulturell-geistigen Potential – bekam die Unterdrückung der Frau ihre quasi wissenschaftliche Legitimation. Die gesamte Natur, alle fernen Länder wurden als „exotische Frauen" angesehen, deren Eroberung und „Zivilisierung" als legitim galt. So ist es kein Wunder, daß der Tanz der Frau während der Kolonialzeit des 19. Jahrhunderts nur als rein sexueller Aufforderungstanz zur Geltung kam.

Die Trennung der Lebensbereiche in Arbeit und Familie – wobei letztere die Härten des Alltags für den Mann zu kompensieren hatte und zur Bildung eines Kleinfamilienhaushaltes führte – brachte eine Spaltung des Menschen, vor allem der Frau, mit sich: „Mit seiner Aufspaltung (des Produktions- und Lebensraumes, des ‚ganzen Hauses') in Betrieb und Haushalt tritt der ‚Rationalität' des Betriebes die ‚Sentimentalität' der Familie gegenüber"[23] – wobei der eine Bereich als männliche, der andere als weibliche Domäne verstanden wurde. Das Männliche erhob sich zur gesellschaftlichen Norm, während das von der

Norm abweichende Weibliche abgewertet wurde und als kompensatorischer Gegenpol die Funktion der Bestätigung des Normal-Männlichen übernahm.²⁴ Die produktive Tätigkeit der Frau im Haushalt galt von nun an nicht mehr als Arbeit, sondern als „natürliche" Bestimmung der Frau, aus der sie ihr Glück und ihre Zufriedenheit abzuleiten hatte. Jeder Ausbruch, jede Tätigkeit außerhalb des Hauses wurde nur aus sozialer Not heraus akzeptiert. Zusätzlich kam es zur Aufspaltung der Frau in verschiedene Idealtypen, geformt durch die männlichen Projektionen – in Romantische, Funktionale, Aufreizende, Burschikose, Kindliche –, denen sich die reale Frau mit ihrer einen, ganzen Person zu unterwerfen hatte. Ihre eigene Erfahrungswelt, ihre Lebensrhythmen und ihr innerer Reifungsprozeß sowie die damit sich wandelnde Identität wurden vollkommen ignoriert und in fixierten Bildern kategorisiert. Das Bild des begehrten Frauenkörpers, meist kaum deckungsgleich mit dem realen Körper von Frauen, führte zu einer leidvollen individuellen Erfahrung der körperlichen „Unvollkommenheit" bei Frauen.

Arbeit, Disziplin und Funktionstüchtigkeit avancierten zur Maxime adäquater Lebensgestaltung. Mit der Verdrängung von Lust und Genuß aus den alltäglichen Lebenszügen, wie sie noch im Mittelalter – zumindest in den unteren Klassen – existierten, erhöhte sich gleichzeitig auch die Empfindlichkeit gegenüber den realen und symbolischen Andeutungen des Unterdrückten: Takt, Anstand und Schamgefühl bestimmten immer mehr die sozialen Handlungen der Menschen.²⁵

Die Umwelt und die Gesellschaft wurden kategorisiert und vermessen, und auch der Tanz wurde in verschiedene Formen eingeteilt: in den Kunsttanz, den Gesellschaftstanz und den Volkstanz.

Industrialisierung und Technisierung brachten aber auch, als Reflex, eine Sehnsucht nach der „alten Welt" mit sich, die noch nicht von der Mechanisierung des Lebens berührt war. In der Kunst kam es zu einer Sehnsucht nach dem Nostalgischen. Eine Gruppe von Künstlerinnen – allen voran Isadora Duncan und nach ihr Ruth St. Denis –, die zu Beginn dieses Jahrhunderts nach neuen Inspirationen für den Kunsttanz suchte, holte sich ihre Ideen vor allem aus den östlichen Tänzen. Immer mehr wurden die Mode, die Dekoration, die Buchillustration und das Bühnenbild der Theater von der westlichen Vorstellung der arabisch-islamischen Welt beeinflußt und geprägt. An den

Theatern des 17. und 18. Jahrhunderts wurden auch Vorführungen des „Orientalischen Bauchtanzes" gegeben, doch ohne wirkliches Verstehen der Tiefe und der Bedeutung dieses Tanzes, sondern eher unter dem Aspekt des Exotisch-Fremden und daher Interessanten.

Die Jetztzeit

Ende des 19. und zu Beginn des 20. Jahrhunderts entstanden neue Lebensreformbewegungen aus der revoltierenden bürgerlichen Mitte der europäischen Gesellschaft. Diese wandten sich gegen Entfremdung durch Industrialisierung, gegen das Massenleben der Großstadt, gegen die Vereinsamung des Menschen sowie gegen die Aufspaltung des Individuums in Körper, Geist und Seele auf der einen und Individuum, Natur und Kosmos auf der anderen Seite. Die Inspirationen kamen vor allem aus den östlichen Philosophien und Künsten.

Dieses vom gehobenen Bürgertum getragene Streben nach der Vereinigung von Mensch und Natur in der Ganzheit und seine allmähliche Ausbreitung auf weitere Bevölkerungsschichten wirkte sich in jüngster Zeit in der New Age-Bewegung weiter aus. Ein kosmisches Kollektivbewußtsein bei gleichzeitig zunehmendem Individualismus und Flucht ins Innere machte sich breit. Eine apolitische, die geschichtliche Eingebundenheit des einzelnen nicht berücksichtigende Einstellung verzerrt das Bild dieser Suchenden. Mit der einseitigen Ausrichtung auf Natur, Intuition und Irrationalität – Eigenschaften, die traditionell dem Weiblichen zugeschrieben werden – projiziert das New Age-Denken auf die Frauen eine Art Erlöserrolle aus dem Dilemma der Zivilisation, das zur Entmenschlichung führte, zur Zerstörung der Natur und zur Vereinsamung. Diese Prozesse werden der dominierenden männlichen Kraft zugeschrieben, die zu einer Instabilität im Lebensorganismus und in der Gesellschaft führte, und sollen nur durch eine intensivere weibliche Dominanz ins Gleichgewicht gebracht werden können.

Auf der Tanzebene kam es einerseits zu neuen Gesellschaftstänzen, die sich an afro-amerikanischen Tanztraditionen orientierten, andererseits zum Ausdruckstanz, der das kulturkritische Gedankengut aufarbeitete.

Die damit gekoppelte Körperkulturbewegung schien besonders den Bedürfnissen der Frauen entgegenzukommen. Man entdeckte die enge Verbindung von Körper, Kultur und Weiblichkeit. Ein neuer Begriff von Weiblichkeit prägte sich aus. Tänzerinnen wie die Amerikanerin Isadora Duncan sahen ihre Aufgabe darin, durch ihren Tanz den Frauen die Freiheit, die Harmonie und die Beseeltheit ihrer weiblichen Körper wieder ins Bewußtsein zu rücken. Körperlich manifestierte sich das Bestreben zur Rückkehr in den natürlichen Urzustand in der Verlegung des Bewegungszentrums vom oberen Teil des Körpers, von Kopf und Brust, weg in den Solarplexus. Doch das Streben nach der Befreiung der Frau war gekoppelt mit dem Beharren auf traditionelle Funktionen, auf weibliche Sittsamkeit und Tugendhaftigkeit und die sozialen Bestimmungen des weiblichen Körpers.

In den 20er Jahren unseres Jahrhunderts begannen Frauen, ihre Identität jenseits der vorgeschriebenen Geschlechtereinteilung zu suchen und sich des weiblichen „Identitätszwanges" bewußt zu werden. Qualifizierte Ausbildung, Beruf und künstlerische Arbeit verhalfen manchen Frauen zur Stärkung ihrer sozialen Position. Selbstbewußtsein, materielle Unabhängigkeit, sportliche und sexuelle Befreiung erschienen als Prototypen der weiblichen Emanzipation. Die burschikose Kreation von Frau war angesagt. Frau trainierte ihre üppigen Kurven und ausladenden Hüften weg und unterstützte die neue Geradlinigkeit ihres Körpers durch entsprechende Kleidung.[26] Die Frauen wurden männlichen Normen angepaßt. Das Pendel schlug zurück.

Zu dieser Zeit kamen auch arabische Künstler auf der Suche nach Arbeit in den Westen. Mit ihrer Ankunft lösten sie eine Welle des „exotisch-orientalischen Traumes" aus, der nur oberflächlich mit der Realität zu tun hatte. Eine ganze Filmindustrie baute sich um das Thema Orient auf, Theaterstücke wurden inszeniert, und berühmte westliche Tänzerinnen setzten sich mit dem „exotischen Frauentanz" auseinander. So entstanden unter anderem Kurzfilme wie *Danse du Ventre* und *Passion Dance* (1896); Theatertanzstücke wie *Egypta* (1910) von Ruth St. Denis; Filme wie *Intolerance* (Tanzfilm über Babylon, Hollywood 1916) und *Salome* (Hollywood 1918).

Die arabischen Tänzerinnen wiederum wurden stark durch die westlichen Tänze beeinflußt. Dies spiegelte sich in ihren Vorführungen wider. Verschiedene europäische Musikinstrumente wurden in die ursprünglich nur vier- oder fünfköpfige Musikgruppe aufgenommen. So baute sich allmählich ein ganzes Orchester um die Tänzerinnen auf. Arabische Tänzerinnen begannen auch mit dem Tragen von Ballettschuhen oder hochhackigen Schuhen. Bewegte man sich vorher fast auf der Stelle, in einem höchst konzentrierten, fast meditativen, nach innen gerichteten Akt ohne viel äußeren Raum, so wurde jetzt der Tanz ausschweifender und mehr nach außen gerichtet. Die Tänzerinnen wirbelten durch den Raum, gingen auf den Zehenspitzen und nahmen die Extremitäten mehr in Anspruch. Ihre Kleidung paßte sich den westlichen Vorstellungen von „orientalisch" an und wurde exotisch, verführerisch und übertrieben in Pomp und Schmuck. So waren der Schritt zum Hollywood-Filmkostüm und der Eintritt in die Welt des Kabaretts nicht mehr weit.

Die gesellschaftliche Unzufriedenheit und das soziale Elend in Europa führten aber auch zu einer regelrechten Tanzwut in der Zwischenkriegszeit. Tänze mit starken afro-orientalischen Einflüssen wie Shimmy und Charleston dienten dazu, die Enttäuschungen und den gesellschaftlichen Zwang abzuschütteln. Nonkonformistisch, erotisch und den „natürlichen" Bewegungen des Körpers folgend, so wurde jetzt getanzt. Die Körpermitte und das Becken wurden zu den entscheidenden Bewegungszentren.

In den 70er Jahren begannen sich die Motive für die Berufstätigkeit der Frauen langsam zu ändern. Es waren nicht mehr nur wirtschaftliche Gründe, die die europäische Frau außer Haus trieben, sondern auch berufliche Identität und Prestige. Die neue Frauenbewegung begleitete diese Entwicklung. Nicht die „natürliche" Wesensdifferenzierung der Geschlechter, nicht eine weibliche Kultur wurde betont, in Frage gestellt wurden die gesamtgesellschaftlichen Fundamente geschlechtsspezifischer Arbeitsteilung.

Der Tanz, und da vor allem der Ausdruckstanz, bekam eine neue ganzheitliche Note. Der Mensch erschien nicht mehr in seiner „kosmischen Verbundenheit", sondern durch die Darstellung der Realität seiner alltäglichen Existenz. Die Trennung von Öffentlichkeit und Privatheit sollte aufgehoben werden – so lautete das Ziel der 68er Bewegung. Nicht *wie* sich die Menschen bewegten, sondern *was* sie bewegten, wurde wesentlich. Und wieder waren es die Frauen, die durch das Medium Tanz auf die Selbstsuche gingen: „Wahrscheinlich kann sich die Frau im Tanz mehr aus gesellschaftlichen Zwängen befreien, als sie es in anderen Künsten könnte. Das würde bedeuten, daß es sich hier um eine Frage nach der weiblichen Körperlichkeit handelt: Vielleicht empfindet die Frau ihren Körper wie auch ihr Ge- und Befangensein in der Gesellschaft gerade durch den Tanz sehr stark."[27] Auf der Suche nach einer verinnerlichten Identität und nach sozialer Definition wandten sich Künstlerinnen, und da vor allem die Tänzerinnen, der dem Menschen innewohnenden geschlechtlichen Polarität zu. Das andere, das Nicht-Lebbare, weil auf das andere Geschlecht beschränkte, sollte gesprengt werden und die neue „Menschwerdung" von Mann und Frau ermöglichen ... „In rasendem Tempo macht sich die Lust am Leben wieder Luft. Vorbei scheint die Zeit der Verknappung und Ausnüchterung der Form; eine neue Lust der Fülle macht sich breit",[28] hieß es in den 80er Jahren, die Tanzkunst betreffend.

Die Angleichung der weiblichen Lebensbedingungen in Bildung und Beruf ließ die Frauen eine gleichberechtigte Partnerschaft erwarten, die eine Gleichbehandlung im beruflichen Werdegang beinhaltet. Doch das stößt hartnäckig auf traditionelle Rollenklischees und Verhaltensmuster – zugeordnete Rollenbilder von der „weiblichen Natur" einerseits oder der einer männlichen Norm angepaßten Frau andererseits, geschlechtliche Gemeinsamkeiten hier und geschlechtsspezifische Zuweisungen dort, Gleichheitserwartungen auf der einen Seite und alltägliche Erfahrungen von Ungleichheiten auf der anderen. Eine neue Unübersichtlichkeit macht sich breit, der äußere Rahmen entfällt zunehmend. Eine neue Sichtweise ist gefragt, bei der Individuelles und Soziales eine Wiedervereinigung jenseits der konstruierten Vorgaben finden und eine wechselseitige Selbstfindung von Mann und Frau möglich ist.

In dieser historischen Such- und Erprobungsphase erlangt der Tanz seine lange entbehrte Rolle im Kanon gesellschaftlich anerkannter körperlicher Ausdrucksformen zurück.[29] Er ist lustvolles Instrument, das im Hier und Jetzt das Leben genießen will. Indem er den Moment intensiviert, ermöglicht er die Entfaltung und Selbstfindung jenseits von Zukunftsängsten und Vergangenheitsbürden. Denn Leben ist zeitgebunden. Es ist ein Prozeß des Tuns, für den man sich innerlich organisieren muß, um den Veränderungen draußen begegnen oder sie bewirken beziehungsweise verändern zu können. Der Tanz, der intensive

Augenblick des Seins, öffnet und offenbart dem Menschen diesen Augenblick und gibt ihm so die Möglichkeit, seine Bedürfnisse und Wünsche, sein „Nein und Ja" klarer zu erfassen.

So vollzog der Tanz seine Umwandlung vom kultisch-sakralen zum ästhetisch-künstlerischen Aspekt und weiter zum lustvollen, spielerischen Selbstfindungsinstrument, seinen Inhalt ändernd, ewig sich verknüpfend mit den unmittelbaren körperlich-seelischen Bedürfnissen des Menschen. Denn der Tanz, dessen Sprache über den sozial kodierten Körper fließt, verwendet eine andere Logik, eine, die über die Bewußtheit der Sinne verstanden wird. Das Überfließen von Innen- und Außenwelt, das Herausgehen aus sich selbst durch den Tanz ins Unbeherrschte und Überpersönliche hilft, die Spannungen zwischen den verschiedenen Polen neu und auf eine andere Weise zu verstehen. Die Verbindung des Rationalen und Sinnlichen im Tanz, nicht das Aufgeben des einen zugunsten des anderen, des Inneren für das Äußere, ermöglicht es dem Menschen, auf eine unorthodoxe Suche nach seinem Menschsein aufzubrechen und die Geschlechter- und Gesellschaftsfragen am eigenen Leib zu erleben. Tanz ist Kunst, und es liegt im Wesen jeder Kunst, daß sie es demjenigen, der sie ausübt, ermöglicht, seine Fähigkeiten immerzu zu verbessern und sich selbst immer mehr zu erkennen. Und sich selbst zu erkennen, ist doch die wesentlichste Aufgabe des Menschen.

Mutter Bauch

Betrachtet man den einzelnen Menschen auf sein vorgeburtliches Leben in der Leibeshöhle einer Frau hin, auf die Zeugung, die Liebesumarmung, die vorbereitende Erregung hierfür, die eine Frau und einen Mann zusammenbringt, dann sind wir wieder bei der erregten Bewegtheit des Tanzes.[30]

Die Beziehung der Mutter zum Kind kann als Grundlage des sozialen Lebens schlechthin und damit der menschlichen Kultur angesehen werden. Die Mutter fungiert als Erde, die durch das irdische Weib in der ganzen Reihenfolge der Mütter und Töchter vertreten wird. Das Weibliche ist Lebens- und Nahrungsspenderin, das Bindeglied zwischen

Geburt und Tod. Es symbolisiert somit nicht nur das Leben, sondern auch den Tod. Das hervorstechendste Merkmal des Weiblichen ist das „Enthalten". Im Positiven äußert es sich durch Schutzgeben, Nähren und Wärmen, im Negativen durch Verstoßen, Entziehen und Festhalten. Vor den menschlichen Hochkulturen gab es noch keine Trennung zwischen diesen beiden Seiten, denn beide waren erforderlich, um die Fähigkeit zur schöpferischen Wandlung zu stimulieren.

Das enthaltende Weibliche als Gefäß darzustellen, scheint in fast allen Kulturen der Menschheit auf. Der Bereich, der die Ganzheit des enthaltenden Gefäß-Körpers symbolisiert, ist der Bauch. Dies spiegelt sich auch in der Sprache wider, wenn wir von einem bauchigen Gefäß sprechen. Der Bauch ist der Sitz der Innenwelt, des Unbewußten und des Dunklen, aber auch des Lebens und der Emotionen. Er ist der Gegenpol zur Brust und zum Kopf, die als Symbole des Bewußten, des Äußeren und des Lichtes galten. Der obere Brust-Kopf-Pol baut sich auf dem unteren Bauch-Pol auf und ist ohne Zusammenhang mit ihm unvorstellbar.

In seinen Ritualen tanzte der Mensch für das Leben, das sich für ihn als Weibliches, als Große Mutter manifestierte. Dieses große Weibliche umfaßte die ganze Welt, das Gute und Böse, das Oben und Unten, das Leben und den Tod. Denn für den Menschen war Leben Tod und Tod Leben, ein ewig Vibrierendes, ewig Erregendes, ewig Fließendes. Um in diesem Einklang des Lebens, um im erregten Augenblick, im Gefühl des Eins-Seins zu verweilen, tanzte er. Er tanzte für die Fruchtbarkeitsgöttin, für die Nahrungsgöttin, für die Göttin der Jagd.

Da die Frau die Lebensspenderin ist, also Leben in sich trägt, ist sie mit dem Leben, mit der Zone zwischen Geburt und Tod intensiver verbunden. Sie ist der intimste Mensch des Kindes, und an ihr und durch sie erlebt es den ersten Rhythmus, ihren Herzschlag. Durch sie erlebt das Kind das Innen, die Bauchhöhle, und das Außen, die Welt. Von ihr bekommt es die erste Nahrung, und durch sie wird es in das Leben eingeführt.

Hymne an den Tanz

Körperliches Erkennen entsteht, wenn die Aufmerksamkeit sich vom Denken abwendet und man völlig in den Bewegungen aufgeht. Eigenständiges, individuelles Denken lernt man, wenn man in Empfindungen, in Bildern denkt, lösgelöst von der Bestimmtheit der Wörter. Durch beides kann man ungeahnte Möglichkeiten in sich entdecken.

Den natürlichen Rhythmus begreift und ergreift die Frau in den Bewegungen des Bauchtanzes. Sie schwingt die Körperglieder um die Leibesmitte, den Nabel der Welt, in Wellen, in schwingend-rhythmischen Bewegungen des Beckens, in Bewegungen, die älter sind als jede Frau und als der Mensch überhaupt. Tanzen ist Mitschwingen im Rhythmus, der uns voraus ist und der auch nach uns noch kommen wird.[31]

Der Tanz gibt dem Menschen die Möglichkeit, sich über die Grenzen hinaus zu schwingen, in eine Welt der großen Gedanken, wo der Duft der sehnsuchtsvollen Umwandlung schwebt und das Reich des wahren Ich erkannt wird. Im Tanz wird jeder Mensch uralt und universell. Die natürliche Ekstase, die der Tanz auslöst, trägt den Tanzenden über seine Abgetrenntheit und Einsamkeit hinaus, sie macht aus dem Tropfen einen Fluß. Der Tanz gilt als schnellster Weg zur Vereinigung mit der göttlichen Allseele.

Weisheit ist das einzige beständige Ziel, das man in einer Welt voller vergänglicher Dinge ein Leben lang anstreben kann. Und es gibt so viele Wege zur Weisheit, wie es Menschen gibt. Schwindelerregende, schwierige Wege, sanfte, bequeme Wege und langsame, schöne Wege, die zum Verweilen einladen. Es gibt einsame Wege und Gemeinschaftswege, Irrwege und Sackgassen – und direkte Wege. Tanz ist der direkteste Weg zur Erkenntnis des Raumes innerhalb und außerhalb des eigenen Körpers. Gefühle, Sehnsüchte und die intellektuelle Beobachtungsgabe werden durch diesen Weg entfaltet. Seinen eigenen Weg zu erkennen, ist die Aufgabe eines jeden Menschen. Sie gibt ihm die Würde und macht ihn zu einem edlen, verehrungswürdigen Wesen. Die Erfüllung der täglichen Pflichten und Aufgaben bekommt in der Erkenntnis des eigenen Weges ihren Sinn. Tanz ist ein Weg, den Lehrmeister im eigenen Selbst zu finden. Tanzen beflügelt die Phantasie.

Tanz ist Lebensfreude, Schöpfung, Ausdruck für die Erregung der Seele, die sich in der tänzerischen Erfahrung und den rhythmischen Bewegungen widerspiegelt. Tanz heißt Bildung des Körpers und des Geistes, die sich jenseits aller kulturellen Begrenzungen manifestiert und den Menschen mit seiner Urgeschichte unmittelbar und fließend verbindet. In der Hitze des Tanzes zerfließen die Barrieren zwischen Geist und Körper, und das befähigt den Menschen, über sich selbst hinauszuwachsen und in eine Welt der großen Gedanken und Gefühle einzutauchen, wo der Duft der Umwandlung, auf die der Mensch sein ganzes Leben lang wartet, ihn umhüllt.

Im Tanz erkennt der Mensch die Schönheit und Kraft seiner selbst, und in seiner natürlichen Ekstase lernt er, sich einer höheren Macht hinzugeben, die ihn die Einheit und Ganzheit des Lebens erahnen läßt. Durch seine Bewegungen bettet er sich ein in die Bewegungen des Universums, und seine eigenen Bewegungen spiegeln sich in den Bewegungen der Sterne, der Blumen und des neugeborenen Kindes wider. Die Last und Zerrissenheit des Lebens hält im gesteigerten Moment des Tanzes inne. In diesem Augenblick verwandelt sich die Welt in ein Kunstwerk, in ein Reich der Verbundenheit.

Durch die Intensität dieses Moments im Tanz öffnen sich neue Welten und Möglichkeiten des eigenen Verstehens. Durch die Bewegungen des Körpers öffnet sich das Herz, die große Versöhnung mit sich selbst und anderen kann ihren Lauf nehmen.

Im gesteigerten Augenblick des Tanzes bekommt der Mensch das Gefühl des Fließens, eine spielerisch kindliche Empfindung, die ihn zu entspannter Aufmerksamkeit befähigt, zum Balanceakt zwischen freiem Willen und Sichfallenlassen im Pulsschlag des Lebens.

Im Tanz begreift der einzelne seine Gefühle, ist beschwingt in einer Leichtigkeit von Glück, die es ihm ermöglicht, das Leben leichter zu nehmen und die Tiefen und Höhen leichtfüßiger zu erklimmen. Indem der Mensch tanzt, befreit er sich von der Starre des Todes und verbindet sich mit der pulsierenden Kraft des Lebens. Tanz ist eine Faszination, deren Quelle im Inneren strömt und die im Körper eine Kraft freisetzt, die ihn befähigt, sich mit allem zu vereinigen. Die Grenzen zwischen Ich und Du werden verschwommener, fließender, und unser Filter, durch den wir die Wirklichkeit unserem Muster anpassen, verliert an Starre. Die schmerzliche Gleichzeitigkeit des freien Willens und des Schicksals kann in ihrer Größe aufgenommen werden und uns helfen, Kinder der Natur zu werden. Die freie Wahl, das Sich-Ausliefern und Hingeben können im Tanz Ausdruck finden und Intuition werden. Die Intuition, das, was so schwer in Worte zu fassen ist, allgemein als eher weibliche Eigenschaft bezeichnet und der rechten Gehirnhälfte zugewiesen wird, kann im Tanz spielend gesteigert und zum Partner des reinen Verstandes gemacht werden. Der Mensch wird Mensch im Kommen und Gehen, Aufwallen und Niederfallen, in der wortlosen Sprache seines Herzens. Frauen hören eher auf diese Sprache, im Tanz können sie dieser inneren Stimme bewußt folgen, ihr einen Rhythmus und einen Ausdruck verleihen, sie erleben und leben.

Der Tanz dient zur Belebung des Unbewußten, und dies wiederum führt zu einer Bewußtseins- oder Persönlichkeitserweiterung. Der Tanz ist ein lebens- und ganzheitssteigerndes Element. Der Bauchtanz, wie sein Name so treffend andeutet, führt in die tiefe, dunkle Höhle, in die Erde, in den Mittelpunkt der Welt, um dann mit seiner ganzen stolzen und lebendigen Kraft emporzusteigen zum Licht, zur Inspiration und zu neuem Bewußtsein. Der Weg zum Geistig-Seelischen führt über den Körper, über die Materie, was schon das Wort „mater", Mutter, beinhaltet und nicht als gering zu sehen ist, wie es so oft in der „geistig-männlichen" Welt geschieht. Beide Elemente ergänzen einander, ohne sie ist die Entfaltung und „Menschwerdung" von Mann und Frau undenkbar, unfühlbar. Durch diese Bewußtwerdung kann die einheitliche Suche und Sehnsucht – nicht Uniformiertheit – des Menschen aus dem Zustand des Abgetrenntseins, des Alleinseins zur Ganzheit beginnen.

Das wesentliche Prinzip, das dies ermöglicht, ist die Fähigkeit des Menschen zur Liebe. „Liebe ist vor allem ein Akt des Glaubens, und wer nur wenig Glauben hat, hat auch nur wenig Liebe."[32]

Wenn wir tanzen, können wir uns über das kleine Ich in die Welt der Mythologie erheben und erhalten die Chance, in die Sehnsucht des Menschen eingebettet zu werden, das Leben zu verstehen. Unser Schmerz und Leid wird dadurch zum Teil einer langen Geschichte, der Geschichte des Menschseins, und dies gibt dem einzelnen Trost und Mut. Es läßt das Herz schmelzen und Verständnis und Liebe einkehren. Der Mensch wird fähig, zu verzeihen und vom Zustand des Alleinseins in die Welt der Ganzheit überzugehen.

Im Tanz kann die Frau der Zweiteilung in ein soziales und in ein naturhaftes Wesen und dem gleichzeitigen Versuch entgegenwirken, letzteres zu bezähmen; ein Prozeß, der schon früh in der männlich-dominierten Geschichte angesetzt werden kann.

So kann die Frau dem Wesen, das tief in ihrem Inneren lebt, das sehnsuchtsvoll darauf wartet, entdeckt zu werden, einen Namen, einen Ausdruck verleihen. Es ist die Andere, die Verborgene, die nicht den Normen und Vorstellungen entspricht, die wie ein Pferd die Nüstern aufbläht und den Wind einsaugt, die wie eine Löwin brüllt und sich schamlos ihre Kleider vom Leib reißt. Es ist die, die meist im Hintergrund lebt, in der dunklen Höhle, tief unten im Bauch, und nur selten an die Oberfläche kommt. Man erkennt sie meist, wenn etwas aus einem herausprudelt, man etwas sagt oder tut, das man normalerweise nicht zulassen würde. Es passiert, ohne daß man genau weiß, wie es geschehen konnte und wie es dazu kam. Im Tanz kann man beginnen, diese innere Spaltung zu heilen. Das Bewußte und Unbewußte, das Rationale und Intuitive, das Denken und Fühlen bekommen im Tanz einen Raum, in dem sie allmählich ineinander überfließen können, in dem man das Leben aus einer anderen Perspektive betrachten kann. Gefühle können im Bauchtanz sanft und sicher an die Oberfläche kommen, anerkannt und akzeptiert werden.

In jeder Frau leben zwei Urkräfte, zwei verschiedene weibliche Wesen, die das Geheimnisvolle – das, was Männer so schwer verstehen und einschätzen können – der Frau ausmachen. Meist ist die eine Seite sanft, verständnisvoll, zivilisiert und menschlich, die andere Kraft ist oft genau das Gegenteil. Sie beide gemeinsam machen die Frau zu einem Vollweib, zu einem „runden" Menschen. Clarissa P. Estés formuliert es folgendermaßen: „Das Paradox der weiblichen Zwillingsnatur drückt sich zum Beispiel folgendermaßen aus: Wenn eine Seite eher gefühlskalt ist, kann man sicher sein, daß die andere leidenschaftlich glüht und sehr tief empfindet. Wenn eine Seite anhänglich und kontaktfreudig ist, dann ist die andere Seite zumeist unantastbar und schwer zugänglich."[33]

Es ist diese Doppelnatur, die eine Frau zu einem intuitiven und instinktbegabten weiblichen Wesen macht. Wenn beide Seiten gelebt und gepflegt, also genährt werden, dann kann eine Frau ihre ganze Kraft und Stärke ausschöpfen, sich über die projizierte Spaltung erheben und intensiv im Augenblick leben. Sie steht dann in Verbindung mit ihren beiden Wesen und kann sich Informationen und Eingebungen holen, die nicht nur auf der Ratio und dem Offensichtlichen beruhen, sondern aus einer Ebene kommen, die jenseits des gewöhnlichen Bewußtseins liegt.

Die patriarchalen Gesellschaften haben die Frauen in zwei weibliche Stereotypen gezwängt, nämlich in die Rolle der verständnisvollen, tugendhaften und aufopfernden Frau und in die Rolle der leidenschaftlichen, lockenden, angsteinflößenden Frau. Beide Frauenbilder werden über den Körper, sein Aussehen, seine Haltungen, Gesten und Bewegungen beherrscht. Durch diese Kategorisierung wird die Frau zerrissen und ihrer Kräfte beraubt. Sie muß behutsam darauf achten, nicht falsch verstanden zu werden. Um respektiert und ernst genommen zu werden, versucht sie, so unweiblich zu erscheinen, wie es nur geht, und ihrem Körper ein emotionelles Korsett umzuschnüren. Durch die Einteilung in Heilige und Hexe wurde die Frau einmal über und einmal unter die Lebensrealität gestellt, in beiden Fällen aber raubte man ihr die reale Beteiligung an der gesellschaftlichen Entwicklung und Gestaltung und verdrängte sie in eine Randexistenz, die angeblich ihrer „natürlichen" Rolle entspricht, nämlich der Aufopferung und Unterwerfung, aus der sie ihr Glück und ihre Zufriedenheit schöpfen soll. Der Tanz gibt eine Möglichkeit, diesen Facetten spielerisch und leicht ins Gesicht zu blicken und selbst zu entscheiden, wo man stehen will.

Der Bauchtanz ist ein Tanz, der Weiblichkeit und Spiritualität vereinigt. Vielleicht ist er deswegen so verpönt.

In der Vereinigung des männlichen und des weiblichen Prinzips liegt die Kraft zur sozialen und spirituellen Befreiung. Doch bevor das Weibliche das Männliche aufnehmen kann, muß sich die Frau ihrer selbst erst bewußt werden. Der Bauchtanz kann ihr helfen, diese innere Kraft zu finden. Er kann für sie der fliegende Teppich werden, auf den sie sich schwingt, um an ihre Grenzen zu gelangen, ihre Welt zu entdecken und Freude am größten Geschenk, dem Leben, zu haben.

Es heißt, daß jede Seele auf einen gewissen, für sie bestimmten Klang reagiert und ihre Saiten durch ihn zum Schwingen kommen. Klang und Rhythmus ist Er-innern und kommt aus dem tiefsten Inneren; ein Erinnern, das uns zum Ursprung zurückbringt, zur Großen Seele, bevor sich die Vielfältigkeit der Formen und Erscheinungen manifestierte. Alles Erkennen ist ein Erinnern. Unser Durst und unser Hunger werden gestillt, und das Herz kann in Frieden schlagen. Wenn der Körper sich bewegt, wird auch das Herz in Bewegung gesetzt, und die Menschen finden tanzend zueinander. Wenn wir dem Tanz diese Auf-Gabe und Funktion geben, so machen wir ihn zu dem, was er wirklich ist – ein Ausdruck von Lebendigkeit.

Der Bauchtanz

Der Bauchtanz ist ein Isolationstanz, bei dem die einzelnen Körperteile beziehungsweise Körperzentren isoliert, also einzeln und unabhängig voneinander bewegt werden, um schließlich gemeinsam eine Einheit zu bilden. Die polyzentrischen Bewegungen des Bauchtanzes steigern die Körperintelligenz und Reaktionsfähigkeit und erzeugen ein multidimensionales Körperbewußtsein. Wie ein Fluß, aus einzelnen Tropfen bestehend, als harmonisches Ganzes fließt und seine Kraft immerwährend aus der Quelle schöpft, so ist die Quelle des Bauchtanzes, wie der Name schon besagt, der Bauch. Sein Rhythmus stammt von innen her, vom Ur-Laut, dem Herzschlag. Wir kommen als Lebewesen aus der Leibeshöhle einer Mutter, aus dem Bauch einer Frau. Wenn die Frau neues Leben hervorbringen will, muß sie Kraft zum Leben haben. Der uralte Ausdruck dieser Kraft ist der Bauchtanz.[34]

Die Kraft für die Bewegungen holt sich die Tänzerin aus dem Bauch, aus dem unteren Teil ihres Körpers, dem Zentrum ihres Gleichgewichts. Dieser im Unterbauch konzentrierte Schwerpunkt verbindet sie mit der Erde, auf der sie tanzt, und bettet sie in einen größeren Energiekreis ein. Die Tänzerin holt sich die Energie für jede einzelne Bewegung, und sei sie mit den Fingern geformt, aus der Mitte ihres Körpers, aus dem Bauch. Und jede Bewegung, sei sie noch so klein, sehnt sich nach diesem Zentrum zurück. Der ganze Körper schwingt um diese Leibesmitte, um den Nabel der Welt.

Für den Bauchtanz braucht man nicht viel Platz, denn der Raum, in dem sich dieser Tanz manifestiert, ist der Körper selbst. Intensiv, fast meditativ sind seine Bewegungen, und die Tänzerin scheint mehr ihren inneren Raum auszuleuchten, als daß sie den äußeren bräuchte.

Obwohl dieser Frauentanz in der arabisch-islamischen Kultur oft mit Mißachtung behandelt worden ist, hat er interessanterweise doch Formen entwickelt, die mit der islamischen Kunst harmonisieren. Es ist ein Tanz, der die Gedanken und den Geist beruhigt. Seine hypnotische Qualität fördert eine innere Ruhe im Zuseher, und seine Bewegungen inspirieren die Sinne. Durch seine fließenden, runden Bewegungen und Formen betäubt er auf wunderbare Weise die Seele.

Die Bewegungen des Bauchtanzes kommen aus den Gelenken des Körpers; vorwiegend wellenartig und kreisend wird der Rumpf durch sie sanft geknetet und massiert. Bei den meisten europäischen Tänzen wird der Rumpf kaum bewegt, und es sind die Gliedmaßen, die sie ausdrucksvoll machen. Beim Bauchtanz ist es umgekehrt. Der intensive Gebrauch des Rumpfes, des Beckens, des Bauches und des Brustkorbs verstärkt und vitalisiert die sexuelle Kraft der Frau. Es ist die selbe Kraft, aus der nicht nur neues Leben entstehen kann, sondern die auch zu geistiger Größe und höherem Bewußtsein führt. Diese Quelle ist von großer Wichtigkeit für eine Frau. Bauchtanz verleiht dieser Kraft – der weiblichen Sexualität – Ausdruck und versinnbildlicht sie in ihren Bewegungen. Der Bauchtanz gibt der Frau die Möglichkeit, sich selbst zu erforschen, sich kennen und verstehen zu lernen. Er zeigt ihr mehr als Worte oder Gedanken ihre Einstellungen und Gefühle zu sich selbst, zu ihrer Sexualität, zu Männern, Kindern und anderen Frauen. Er gibt ihr die Fähigkeit, mit der ewigen Frau in ihr zu kommunizieren, sich selbst zu akzeptieren und lieben zu lernen. In seinen Bewegungen drückt die Frau ihren Mut zum Lieben und zum Leben aus. Das Wissen, daß Frauen seit Anbeginn der Welt die gleichen Bewegungen geformt haben wie sie jetzt, gibt einer Frau Vertrauen und Zuversicht zu sich selbst.

In seiner Essenz ist der Bauchtanz eine Liebeskunst. Er ist das geäußerte ganzheitliche Geschehen eines Menschen im gesteigerten Augenblick des Seins. Wie ein Liebesspiel vereint er Offenheit und Zurückhaltung, erregtes Zittern und unendliche Leichtigkeit, fast unerträgliche Intensität und sanfte Sinnlichkeit. Und obwohl er nach außen hin so wild wirken kann, vermittelt er doch ein Gefühl der Ausgeglichenheit und inneren Ruhe, ja fast Durchsichtigkeit und Zerbrechlichkeit, so wie die Arabesken und die Kalligraphie in der islamischen Kunst.

Die meisten orientalischen Frauen können Bauchtanz, ohne ihn jemals in einer Tanzschule gelernt zu haben. Eine gewisse Unbefangenheit ihrem Körper und ihrer Weiblichkeit gegenüber erlaubt es ihnen, in den uralten Bewegungen der schwingenden Hüften und des kreisenden Beckens aufzugehen und sich wiederzufinden. Es ist ihr Tanz, weitergegeben von Mutter zu Tochter mit dem Wissen, daß dieser Tanz wichtig für ihren Körper, ihr Frausein und ihre Seele ist. Spielerisch tanzend versinnbildlichen die Mütter Macht und Stärke der weiblichen Sexualität für ihre Töchter. Sie zeigen einander und ihren Töchtern, wie sie ihre Sinnlichkeit entfalten können, indem sie für einander tanzen und ihre Gefühle und ihren Körper an das Leben schmiegen. Durch den Bauchtanz geben sie der Lust am Leben und an neuem Leben einen Rhythmus und einen Ausdruck. Sie stärken durch ihn die Bauchmuskeln ihrer Töchter, zeigen ihnen einen Weg, sich selbst zu heilen und zu kräftigen, und ein natürliches Verständnis gegenüber ihrer Weiblichkeit. Es heißt, der Ursprung jeder Schwäche und Krankheit liege im Bauch, und durch die Kräftigung des Bauches wird so manche Krankheit vermieden. So wurden Frauen zu ihren eigenen Ärztinnen und Heilerinnen.

In Nordafrika und den arabischen Ländern singen und tanzen die Frauen für einander. Die jeweils anwesenden Frauen unterstützen den Tanz der Vortragenden durch rhythmisches Klatschen, durch Singen und Trommeln. Alle beteiligen sich, und eine besonders schöne Vorführung wird durch Trillern und begeisterte Zurufe belohnt und bestätigt. Trillern entsteht durch die schnelle Bewegung der Zunge, entweder hinauf und hinunter oder von Seite zu Seite mit einem gleichzeitigen schrillen Ton. Es ist *der* Ruf der Frau schlechthin und wirkt wild und erdig zugleich.

Obwohl der Bauchtanz auf einer speziellen Technik basiert, wird sein Stil von jeder Frau eigenständig geformt. Sie enthüllt durch ihn ihre Persönlichkeit. Jede wird als Tänzerin angesehen, auch wenn manche nur ein paar Bewegungen zeigen, um dann den Aufruf an eine andere weiterzugeben; keine fühlt sich beschämt, wenn sie nicht so gut tanzen kann wie ihre Freundin.

Im Nahen Osten wußte man Bescheid um die Größe und Kraft der Frauen-Sexualität; es wäre niemandem in den Sinn gekommen, sie zu unterschätzen oder zu ignorieren. Die Einstellung zur Sexualität der Frau war dennoch ambivalent. Einerseits erkannte und schätzte man diese Kraft, andererseits fürchtete man das Chaos, das sie in der Gesellschaft auszulösen imstande war. Man versuchte, sie mit Schleier und Absonderung in Schach zu halten. Innerhalb der Familie war die Frau Verführerin, Ratgeberin und große, allumhüllende Mutter. Sie genoß Achtung und Bewunderung und konnte ihre Weiblichkeit voll ausleben, doch nach außen konnte sie nur indirekt Einfluß nehmen.

In der arabischen Welt lebte der Bauchtanz in seiner ursprünglichen Sinnlichkeit weiter. Im Westen hingegen fühlten sich die Männer von den sexuellen Trieben der Frau so bedroht, daß sie ihr Vorhandensein einfach ignorierten beziehungsweise zu neutralisieren versuchten, indem sie nur eine „vergeistigte" Frau existieren ließen, die ihre Kraft unter Kontrolle hat beziehungsweise diese unterdrückt.

Doch wer die Lebenskraft ignoriert, vermeidet damit auch die Lebenslust, das Lebendige, dessen Symbol der Körper, ja die ganze Natur ist, und ignoriert auch die andere Seite des Lebens, den Tod. Der Ignorant schützt sich zwar damit vor den Tiefen, aber er kann auch die Höhen des Lebens nicht ganz erklimmen. In den Wellenbewegungen des Bauchtanzes können wir lernen, uns dem natürlichen Rhythmus der Erde anzupassen. Wir können durch ihn lernen, uns Mut zum Überschreiten unser eigenen Grenzen zu holen, die nur in der Welt der Angst real sind. Wir können den Bauchtanz zum Ritual erheben, auf daß er uns zu erforschen und zu erleben hilft.

So tanze, kleine Schwester ... denn solange du tanzt, wird allen Anfeindungen zum Trotz dieser Urtanz der Frau überleben, und solange es Frauen gibt, wird er pulsieren und leben und seine stolze Kraft von Frau zu Frau weitergeben.

Bedeutung und Sinn des Bauchtanzes

Um seinen Körper zu verstehen, um fähig zu sein, eigene Prognosen zu stellen, ist es wichtig zu erkennen, wie er aufgebaut ist. Die meisten Menschen haben nur wenig Ahnung von den Funktionen ihres Körpers; sie wissen nicht viel darüber, was in ihrem Inneren, unterhalb der Haut vor sich geht. Dies ist aber der erste Annäherungsschritt. Im Folgenden soll ein Schema des inneren Körper aufzeigen, wie die verschiedenen Körperzentren mit den dafür geeigneten Tanzbewegungen in Zusammenhang stehen.

Die Taille bildet die Trennlinie zwischen dem oberen Teil des Körpers und dem unteren. Die Wirbelsäule ist die Trägerin aller Organe. Sie wiederum balanciert auf dem Becken, das den Grundstein aller Bewegungen darstellt. Um ein tieferes Gefühl für den eigenen Körper zu bekommen, ist es hilfreich, sich ein vereinfachtes Bild davon vorzustellen.

Wir können den Körper anatomisch in fünf Körperzentren beziehungsweise Körperhöhlen einteilen: Kopf, Brust, Bauch, Becken, Rükken. Jedes Zentrum beinhaltet gewisse Organe, die es beschützt und durch die es mit den anderen Zentren verbunden ist.

Der *Kopf* beziehungsweise die *Schädelhöhle* beinhaltet das Großhirn, das Kleinhirn und die Brücke. Die Schädelhöhle ist mit dem Halsnervengeflecht verbunden, das aus den ersten vier Halswirbeln heraustritt. Das Kopf-Pendeln und Kreisen ist für diese Region anregend.

In der *Brust* beziehungsweise der *Brusthöhle* befinden sich die Lunge, das Herz und das Rippenfell. Zur Aktivierung dieses Bereiches dienen der Schulter-Shimmy und alle Brustkorb-Übungen sowie die Schlangenarm-Bewegung und alle Bewegungen, bei denen die Arme ausgebreitet werden. Die Brusthöhle enthält das Armnervengeflecht, das in engem Kontakt mit dem Herz-Lungen-Nervengeflecht steht.

Der *Bauch* beziehungsweise die *Bauchhöhle* beinhaltet die Bauchspeicheldrüse, die Nieren und das Bauchfell mit dem Magen, der Leber, der Gallenblase, der Milz, dem Dick- und dem Dünndarm. Besonders anregend für diesen Bereich wirken die Bauchwelle und der Achter sowie der Achter mit Doppelkreis. Die Bauchhöhle enthält das Sonnengeflecht, das die Verbindung zwischen den inneren Organen des Bauchbereichs herstellt. Es wird durch das Zwerchfellflattern und die Bauchwelle aktiviert.

Im *Becken* beziehungsweise in der *Beckenhöhle* stoßen wir auf die Harnblase, die Geschlechtsdrüsen, die Sigmaschlinge des Dickdarms und den Mastdarm. (Anatomisch gesehen gibt es keine Trennung zwischen Bauch und Beckenbereich, aber es erleichtert die Übersicht.) Das Becken-Pendeln und alle Formen des Kreisens erwecken diese Region. Das Beckengeflecht verbindet die Nerven der unteren Beckenhöhle, der Sigmaschlinge des Dickdarms, des Mastdarms, der Harnblase und der Sexualdrüsen.

Der *Rücken* beziehungsweise die *Rückenhöhle* ist eine lange, schlauchförmige Röhre in der Wirbelsäule und enthält das Rückenmark. Alle Kopfbewegungen, Schulter-Übungen und Beckenbewegungen stärken den Rücken. Es gibt vier verschiedene Arten von Rückenwirbeln: *sieben* Halswirbel, *zwölf* Brustwirbel, *fünf* Lendenwirbel und das Kreuzbein – also insgesamt 25 Rückenwirbel.

Wenn wir uns diese Einteilung vor Augen halten, können wir selbst beobachten, wie der Bauchtanz den Körper beeinflußt und die unterschiedlichen Zentren mit seinen verschiedenen Isolationsbewegungen anregt.

Mit der Wirbelsäule sind alle Organe durch Nervenstränge und Bindegewebe verbunden. Das Nervensystem bildet vier Hauptbereiche von Nervengeflechten. Durch sie erfolgt die physiologische Verteilung unserer Lebensenergie. Mit ihrer Hilfe reicht das Gehirn bis zu seinen „Ausläufern" im Rückenmark.

Die Wirbelsäule wird vom Becken getragen, auf dessen anderem Ende der Kopf sitzt. So kann man sich den Kopf als Kugel vorstellen, das Rückgrat als Stab und das Becken als Schale, auf dem beide balanciert werden. Da alles andere im Körper mit der Wirbelsäule verbunden ist, ist das Becken der Träger des ganzen. Jede Handlung ist also abhängig von der Flexibilität der Beckengelenke. Die Beckengelenke werden von den größten und stärksten Muskeln unseres Körpers bewegt, von den Gesäßmuskeln und dem Muskel des Oberschenkels. Die Kraft des gesamten Körpers ist also abhängig von der Kraft und Flexibilität des Unterleibes. Wenn das Becken in seinen Bewegungen blockiert ist und seine Gelenke – die Hüftgelenke und das Kreuz – sich nicht frei bewegen können, ist eine korrekte Haltung und Handlung nicht möglich. Bei einer korrekten Handlung wird die Arbeit so verteilt, daß die großen Muskeln mehr und die kleinen weniger leisten, daß also jeder Muskel seiner Kapazität gemäß agiert. Jede Handlung, die als anstrengend empfunden wird, bemüht die Muskeln der Körperperipherie – der Hände, der Arme, der Füße und Beine. Sie müssen dann mehr leisten, als ihnen zusteht. Dies führt zu großer Anstrengung im Schultergürtel oder in den Beinen und durch den unregelmäßigen Fluß der Handlung in weiterer Folge zu Verkrampfungen und Schmerzen.

Indem wir das Becken frei bewegen, aktivieren wir die Wirbelsäule und somit alle inneren Organe. Bei jeder Art von Meditation wird darauf geachtet, die Wirbelsäule gerade zu halten, ob im Stehen, Sitzen oder Liegen. Denn die feinstoffliche Energie, die zur Bewußtseinserweiterung führt, steigt vom unteren Ende der Wirbelsäule bis hinauf zum Kopf und über den Scheitel und tritt dann nach oben hin aus. Durch die kreisenden, schwingenden und spiralenförmigen Bewegungen des Bauchtanzes werden die schlummernden Energien sanft und wohldosiert angekurbelt und vom Körper aufgefangen. So erreicht man durch den Bauchtanz eine Energie- und Bewußtseinsverfeinerung, die spielerisch und wohlintegriert erweckt wird und somit keine bedrohlichen Dimensionen einnimmt, die einen aus der Bahn werfen könnten.

Und noch etwas bietet uns dieser Tanz: Er gibt uns die Möglichkeit, uns auf mannigfaltige Weise selbst auszudrücken und alle Archetypen, die in einer Frau schlummern und eine solche ausmachen, zu durchlaufen beziehungsweise zu durchtanzen: die erdige Mutter, die Kokette, die Sinnliche, die Künstlerin, die Heilerin, die Vermittlerin. Um diesen Tanz zu vollführen, ist es egal, ob man alt oder jung ist, dick oder dünn, den gesellschaftlichen Maßstäben entspricht oder nicht. Der Bauchtanz ist kein Tanz der Konkurrenz oder des Wettbewerbs; das entspricht nicht seinem Wesen. Denn dieser Tanz ist mehr als nur ein Tanz. Erst die Lebenserfahrung und Sinnlichkeit einer Frau verleihen ihm seinen Sinn und seine wahre Tiefe.

Seiner Persönlichkeit durch den Tanz Ausdruck zu verleihen, einmal alleine, einmal im Bezug zu anderen, gibt der Frau die Möglichkeit, ihr vielleicht negatives Selbstbild in einer unterstützenden und stärkenden Atmosphäre neu einzuschätzen. Die Vereinigung von Erdigkeit und Spiritualität, von Kraft und Grazie, von Intensität und innerer Ruhe, von Sinnlichkeit und Poesie ermöglicht vielen Frauen innere Befreiung.

Nimm also deinen Tanz selbst in die Hand und heile und stärke deinen Körper, so wie es viele Frauen vor dir getan haben und jetzt noch tun. Geh das große Abenteuer mit dir selbst ein und erforsche dein Universum.

Von Kopf bis Fuß

Lernen kann Früchte tragen nur, wenn der ganze Mensch dabei bereit ist zu lächeln und dieses Lächeln jederzeit und unmittelbar in Lachen übergehen kann.
Moshe Feldenkrais

Keines der im vorigen Kapitel beschriebenen vier Zentren herrscht im Bauchtanz vor, doch alle Kraft wird aus einer Quelle geschöpft – aus der Becken-Bauch-Region. Die Kunst, Seelenzustände und Erfahrungen zu zeigen und zu tanzen, wird von Bewegungen und Formen getragen, die dazu dienen sollen, den Körper zu kräftigen, geschmeidig zu halten und die Tänzerin für das Leben auszurüsten.

Und noch etwas: Wenn man Bewußtheit durch Tanz – also durch Bewegung allgemein – erlangen möchte, dann muß man langsam und behutsam vorgehen, ohne Zielstrebigkeit, ohne Leistungsdruck oder Zwang. Nur so kann man seine eigene Lerngeschwindigkeit erkennen, nur so kann man wirklich erfolgreich lernen, und nur so kann man alle überflüssigen Anstrengungen entdecken und langsam abbauen. Lernen muß angenehm und leicht sein. Es sorgt für einfache Atmung. Nur so kann man sich das Unmögliche möglich machen, leicht, bequem, angenehm und schließlich ästhetisch befriedigend.[35]

Erhebe also die Arme, hafte die Füße auf die Erde und öffne den Spalt zwischen Himmel und Erde durch dein Sein.

Kopf:

Trage dein Haupt wie eine Königin

Das Wasser ist wegen seiner alles reinigenden und erneuernden Kraft die Königin der Elemente. Es wäscht nicht nur den Schmutz weg, sondern reinigt auch den Menschen von seinen schlechten Taten. Deshalb ist in vielen Kulturen das Waschen Bestandteil eines religiösen Rituals.

Stelle dich aufrecht hin und schließe die Augen. Du stehst zwischen oben und unten, zwischen Himmel und Erde. Dein Oben ist der Kopf und dein Unten das Becken. Ein Becken voller Wasser, die Quelle. Jetzt visualisiere einen Wasserstrahl, der aus deinem Becken kommt und entlang der Wirbelsäule nach oben schießt; einen Wasserstrahl, der bis hinauf zu deiner Schädeldecke strahlt. Wenn dieser Wasserstrahl genau auf deine Schädeldecke spritzt, entlang aller Wirbel, und am obersten Wirbel, dem Atlas, herauskommt, dann hältst du deinen Kopf richtig und im Gleichgewicht, ohne jegliche Spannung vom Becken aufwärts. Die Spannungen im Hals, die meist aus dem Gefühl der Furcht vor Mißerfolgen oder Versagen – also vom Gefühl der Unfähigkeit, adäquat zu handeln – entstehen, werden bewußt. Nimm dir die Zeit, diese Übung immer wieder zu wiederholen, und wenn du dabei dein Becken kreisen läßt, wirst du vielleicht auch realisieren, wieso es bei dir zu solchen Spannungen gekommen ist.

Behalte zudem in Gedanken, daß du oft einseitig kritisch zu dir selbst bist, daß du Mißerfolge siehst, wo ein objektiver Beobachter nichts dergleichen feststellen würde.

Beim Bauchtanz ruht der Kopf ruhig zwischen den Schultern. Er nimmt eine majestätische Haltung ein, hoch erhoben und von strahlender Würde. Diese Erhabenheit und Gelassenheit, ja fast Teilnahmslosigkeit und Ruhehaltung des Kopfes hilft der Tänzerin, den Brustkorb zu erweitern, sich zu öffnen und dem Herzen Platz zu machen.

Das Oben und Unten hält dich aufrecht.

Die königliche Haltung des Kopfes wird in allen Bewegungen beibehalten und ist Zeuge dafür, daß hier eine Frau tanzt, die sich ihrer Weiblichkeit bewußt ist und dieses Wissen um ihr Frausein gerne teilt. Sie ist Ausdruck ihres Mutes und einer daraus resultierenden Ehrlichkeit, in erster Linie sich selbst gegenüber.

Foto: UNRWA

*Tonkrüge werden an die Quelle getragen,
um sie mit Wasser, mit Leben zu füllen.*

Im Orient kann man oft beobachten, wie Frauen Taschen, Krüge, ja sogar volle Tabletts auf ihrem Kopf transportieren. Sie gehen damit mit solcher Anmut und Gelassenheit um, als sei der Kopf vom Rest des Körpers unbeeinflußbar. Der Rest des Körpers kann sich in jede Richtung wenden und drehen, und trotzdem ruht die Last unbeweglich auf dem Kopf. Das Geheimnis liegt darin, daß die Frau im unteren Teil des Bauches ruht und ihr Becken vollkommen frei balancieren kann; daß sie bewußt oder unbewußt um die Verbindung zwischen Kopf und Becken weiß. Denn in der Freiheit und Verspieltheit des Beckens liegt die Spontaneität und Leichtigkeit der Bewegungen des Kopfes.

Im Bauchtanz lernst du, deinen Kopf hoch zu tragen, ohne den Boden unter den Füßen zu verlieren; ohne Angst zu haben, falsch verstanden zu werden, denn es ist nicht Arroganz, die dir diese Kraft gibt, sondern dein Wissen, daß Oben und Unten eins sind und du die Tochter beider bist.

Stelle dich ganz aufrecht hin und verteile dein Körpergewicht auf beide Beine. Nun atme tief in den Bauch hinein und lege dein ganzes Gewicht in den unteren Bauch, bis du das Gefühl hast, in dir selbst zu ruhen beziehungsweise zu sitzen. Wenn du dabei ein wenig in die Knie gehst, intensiviert sich diese Position. (Ein kleiner Trick: Hebe abwechselnd ein Bein hoch, indem du es abknickst; so verschiebt sich sachte dein Schwerpunkt immer tiefer in den unteren Bauch. Wenn du dabei ruhig stehen kannst, hast du gleich eine sichtbare Bestätigung.)

Nun stelle dir geistig ein Gewicht auf den Kopf und verbinde es entlang der Wirbelsäule mit dem Gewicht im Bauch. Stelle dich ganz aufrecht hin und versuche deine ersten Schritte. Ganz behutsam setze einen Fuß vor den anderen. Taste dich dabei vor, indem du die Zehen und Fußballen als erstes auflegst und nicht wie gewöhnlich die Fersen. Nun versuche, mit diesem imaginären Gewicht in die Knie zu gehen und wieder aufrecht zu stehen, nach rechts und nach links zu drehen, rückwärts zu gehen und dich auch zu setzen. Du kannst dabei die Arme zu Hilfe nehmen, um die Bewegung auszubalancieren. Nun versuche es mit einem realen Gewicht. Nimm dir etwas Rutschfestes, sei es ein Stück Stoff oder ein Kissen oder etwas anderes Unzerbrechliches. Übe, solange es dir Spaß macht, und beobachte, wie du dich dabei bewegst und was für einen Einfluß diese Kopflast auf deinen Körper und seine Bewegungen hat.

Auch Gedanken können eine Kopflastigkeit verursachen, doch wenn der Gegenpol, der Bauch, im Spiel ist, so steht der Harmonie und dem Ausgleich nichts im Wege.

Übung Kopf-Pendeln

Eine Kopfbewegung, die besonders stimulierend wirkt, ist folgende: Wende den Kopf, sodaß er über der linken Schulter ruht, senke ihn daraufhin, mache ihn schwer und wandere entlang deiner Brust, bis du zu deiner rechten Schulter gelangst, und dann wieder entlang deiner Brust zur linken Schulter. Langsam und behutsam, immer wieder, bis es eine fließende Bewegung wird und du das Gefühl hast: „So, jetzt habe ich losgelassen!" Du kannst dieses Kopf-Pendeln auch wilder machen, indem du den Kopf vornüber senkst und ihn dann von einer Seite zur anderen pendeln läßt. Diese Bewegung wird vor allem im Haartanz (vgl. Hochzeitstanz, S. 185 f.) verwendet und wirkt besonders schön, wenn du dein Haar löst.

Übung Kopf-Achter

Eine andere Kopfbewegung, die du in den Tanz einbauen kannst, ist die Achter-Bewegung. Du beugst den Kopf vor und formst einen Achter in der Luft, genauso wie mit den Hüften (vgl. Achter oder Unendlichkeitsschleife, S. 140 f.). Eine Kombination: Du beginnst mit dem Kopf-Achter, erst langsam und vorsichtig, dann etwas schneller, und plötzlich gibst du die Bewegung des Kopfes an dein Becken weiter und bewegst die Hüften in derselben Weise. Du merkst sofort, wie dich diese Übergabe erdet.

Beim Tanz kannst du deinen Bewegungen mit dem Kopf folgen. Du richtest damit deine Aufmerksamkeit auf den jeweiligen Körperteil und hebst ihn dadurch noch mehr hervor.

Abgesehen davon regt die zusätzliche Bewegung des Kopfes die Körperintelligenz an. Denn Arme, Brustkorb, Becken, Kopf und Augen gleichzeitig zu bewegen und trotzdem in sich zu ruhen, ist eine große Kunst. Ein Tip: Wenn du dabei lächelst, fällt es leichter!

Augen:

Das Meer der Seele

Das Augenlicht ist eines der größten Geschenke an die Menschheit. Durch die Augen werden Gefühle am ehrlichsten ausdrückt, von ihnen lesen wir am intensivsten die Gedanken des anderen ab. Daher scheuen viele Menschen eingehenden Augenkontakt und versuchen, möglichst neutral und starr zu blicken. Dabei geht nicht nur die Schönheit der Augen und die Reichhaltigkeit des Ausdrucks verloren, sondern auch die Vielfalt der individuellen Kommunikation. Setze deine Augen ein und laß sie sprechen. Du wirst erstaunt sein, wie gern dein Gegenüber sich in dieses Meer der Seele hineinfallen läßt (zuerst mit Rettungsring, natürlich!).

Beginne, indem du vor dem Spiegel stehst und dir in die Augen siehst. Solltest du eine Brille tragen, so nimm sie ab und betrachte deine Augen, komm ganz nahe heran und nimm dir Zeit dafür; du wirst erstaunt sein, wie tief und wach sie sind, wie fragend und ernst sie blicken, als ob dich ein verborgener Teil in dir ansieht, ein Teil, den du vielleicht nur selten bewußt erlebt hast. Versuche jetzt die verschiedensten Stimmungen und Gefühle durch die Augen auszudrücken: Freude, Wut, Trauer, Stolz, Verspieltheit, Freundlichkeit, Abwehr, Aufmerksamkeit, Liebe, Sinnlichkeit, Haß ... Beobachte dabei, wie sich deine Augen verändern.

Um deine Sehkraft zu stärken, kannst du Folgendes üben: Bringe deine Handflächen an die Schläfen und stelle sie wie zwei Klappen auf. Der Abstand zwischen den Handflächen und den Schläfen beträgt ungefähr zehn Zentimeter. Nun schau einmal zur linken Handfläche und dann nach vorne, darauf zur rechten Handfläche und wieder nach vorne. Bewege nicht den Kopf, sondern ausschließlich die Augen: *links – vorne – rechts – vorne.*

Versuche dieselbe Übung, aber diesmal schaust du zur linken Handfläche nach unten, also zur abschließenden Rundung, daraufhin dasselbe nach rechts.

Stelle dir vor deinem geistigen Auge einen Kreis vor. Schließe die Augen und wandere diesen Kreis entlang, einmal nach rechts drehend, einmal nach links.

Versuche dasselbe mit geöffneten Augen, langsam und behutsam, dann etwas schneller. Es wird dich angenehm überraschen, wie entspannend das auf dich wirkt und wie dankbar deine Augen dir dafür sind.

Setze die Augen beim Tanz ein. Laß sie funkeln und fordern, spiele mit ihnen und kehre deine Empfindungen durch sie nach außen: einmal sanft schmeichelnd, freundlich beruhigend, dann plötzlich listig durchdringend, scharfsinnig; weit in die Ferne blickend, niemanden wahrnehmend, und im Nu wieder direkt ins Herz schauend; mit halb geschlossenen Lidern tief in dich gekehrt und dann wieder klar und geradeaus; den Kopf gesenkt, die Augen öffnen sich noch mehr, schüchtern, besorgt, schelmisch lockend. Eine Welt der Empfindungen, der Geschichten und der Kontemplation.

Übungen

Auch das innere Auge kann man durch Übung stärken und von seiner Visionskraft profitieren. Nach innen zu sehen hilft, wenn man Fragen hat – denn jede Frage ist die Mutter der Antwort, die tief in uns selbst liegt. Bei dieser Übung geht es darum, diese Antwort zu sehen:

Du kennst sicher den Zustand kurz vor dem Einschlafen, bevor du in die Welt des Schlafes und der Träume eingehst. Es ist ein Zwischen-Zustand, der dich schon von der äußeren Welt abgetrennt hat, bei dem du aber noch nicht in die andere, innere übergegangen bist. Nimm dir vor dem Schlafengehen vor, genau an diese Kante, an diese Grenze zu gelangen, und halte dort an. Vor dir liegt die Ebene des „Traumlandes" und hinter dir die „äußere Welt". Hier, im halbwachen Zustand, kannst du deinen inneren Blick, deine Visionskraft üben. Du kannst dir konkrete Fragen stellen oder auch nur das Problem anvisieren, das dich beschäftigt, und auf die Bilder achten, die aufkommen. Versuche nicht gleich zu analysieren, sondern bleibe in diesem Halbdämmerzustand, bei dem die Welten ineinanderfließen.

Offen und wachsam durchlebt der Blick alle Erregungen des Tanzes.

Anfangs kann man meist nur kurz an diesem Ort verharren, bevor man einschläft, doch mit der Zeit wirst du fähig sein, deinen Aufenthalt im Zwischenland auszudehnen und beliebig lange dort zu verweilen.

Man kann diese Übung auch zu zweit ausführen, indem man sich nebeneinander legt und sich mit den kleinen Fingern gegenseitig fest-

Foto: UNRWA

Der Blick verrät das Gemüt.

hält. Mit jemand anderem verankert zu sein, kann helfen, länger an der Kante, im Zwischenland zu balancieren.

Eine weitere Möglichkeit, sich in einen anderen Bewußtseinszustand zu versetzen und sich somit selbst und die Umwelt aus einer anderen Perspektive zu sehen:

Leg dich bequem hin. Entspanne deinen Körper, mach ihn schwer und schmiege ihn an den Boden an. Atme einige Male tief ein und konzentriere deine ganze Aufmerksamkeit in die Mitte etwas oberhalb deiner Augenbrauen. Der Punkt wird warm und hell. Eine lichtdurchflutete, helle Ebene öffnet sich und dehnt sich vor deinem inneren Auge aus. Tritt ein in diese Ebene, fülle sie mit deiner Phantasie. Male sie dir so aus, wie du dir einen Ort vorstellst, an dem du dich wohlfühlst. Mit jeder Bewegung deines Körpers füllst du deine Szene, deine Landschaft aus. Den Mittelpunkt dieser Ebene formst du selbst. Dir steht unbeschränkt Zeit zur Verfügung, du kannst dich in jeder dir beliebigen Geschwindigkeit bewegen und dich auf jede Ebene emporschwingen. Das ist dein Ort, dein Tempel, wo du Entspannung und inneren Frieden finden, wo du aus der Fülle deiner Begabungen schöpfen und ganz du sein kannst.

Wenn der Moment gekommen ist und du dich wieder zurückziehen möchtest, so kehre zurück zu dem Punkt zwischen deinen Augenbrauen und konzentriere dort noch einmal das erlebte Gefühl, bevor du dich wieder auf dem Boden liegend spürst, dich streckst und die Augen öffnest. Du kannst diese Übung natürlich auch im Stehen oder Sitzen machen.

Wann immer dir danach ist, wenn du Momente der Entspannung und inneren Sammlung brauchst, kannst du dich an diesen Ort zurückziehen und deinen Geist beruhigen.

Richtig sehen

Richtig sehen muß geübt werden: Blicke aus dem Fenster. Betrachte, was du siehst. Jetzt schließe die Augen und ziehe dich innerlich zusammen, dann öffne die Augen spontan, reiße dich regelrecht auf und schaue! Wie siehst du jetzt? Kannst du, was du siehst, auch spüren? Versuche es noch einmal. Spürst du jetzt, was du siehst? Ja! Und was ist mit dir? Spürst du dich selbst, wenn du schaust? Wenn du wachsam schaust, glättet sich dein Gesicht, die Augen werden ruhig, und du wirst gleichzeitig von der Welt und vom Selbst gehalten.

Konzentrationsübung

Eine Konzentrationsübung die man abwechselnd mit einem Partner ausführen kann:
Zünde eine Kerze an und stelle sie vor dir auf. Sieh in die Flamme und laß alle aufkommenden Gedanken, alle Bilder einfach weiterfließen. Halte nichts fest und laß dich durch keine äußeren Bewegungen oder Geräusche ablenken. Konzentriere dich ganz auf die Flamme.
Alle paar Minuten wird deine Partnerin die Stille mit der Frage „Wo bist du?" unterbrechen. Es geht nicht darum zu antworten, sondern deine bewußte Aufmerksamkeit immer wieder auf die Flamme zu richten. Die Wiederholung dieser Übung lehrt dich, deine Aufmerksamkeit gezielt auf etwas zu richten, deine Gedanken zu lenken.
Wir leben in einer Zeit, in der der Sehsinn sich alle anderen Sinne untergeordnet hat. Das Auge bildet immer eine Distanz zwischen dem Betrachter und dem Betrachteten. Es fördert die dualistische Einteilung der Welt; das Betrachtete ist stets relativ beziehungsweise subjektiv. Das Auge wird oft als männliches Organ empfunden, weil es distanzierende Abgrenzung verschafft. Das Männliche muß sich ein Gegenüber schaffen, um selbst sein zu können. Das männliche Kind muß sich von der Mutter abgrenzen, um seine Männlichkeit entfalten zu können, es braucht das Ich und Du. Das weibliche Kind ist die Mutter, es steht neben ihr und bildet eine Einheit mit ihr. Es braucht keine Abgrenzung, um zu sein. Wenn das Auge als männlich beschrieben wird, ist dann das Ohr weiblich?

Ohren:

Das Tor zur Seele

Wenn die Augen der Spiegel der Seele sind, so sind die Ohren das Tor zu ihr.

Wenn du müde bist, „außerhalb deiner selbst" oder schlecht gelaunt, so lege deine Lieblingsmusik auf und achte darauf, wie sie auf dich wirkt. Laß dich mitnehmen, aus deinem „Rad" herausholen; im Nu werden deine sich windenden Gedanken zerschmelzen, und Ruhe erfüllt deine Brust.

Laß Musik spielen, reibe deine Ohren mit den Händen, bis du das Gefühl hast, sie sind ganz aufmerksam und fühlen sich an wie offene Muscheln. Nimm die Grundposition ein, schließe die Augen, beginne mit deinem Becken zu kreisen und lege dabei die Hände auf deinen Bauch. Laß die Musik in deine Ohren eindringen und führe sie weiter entlang einer Spirale bis zu deinem Bauch. Verbinde deine Ohren mit deinem durch die Kreisbewegungen sanft massierten Bauch. Fülle deinen Bauch mit der Musik, laß sie einströmen und dich ausfüllen. Spüre die Musik, wie sie deine Bauchhöhle erfüllt. Du bist ganz Ohr und Bauch. Wie fühlen sich deine Ohren an? Mit welchem Ohr lauschst du mehr – mit dem linken oder mit dem rechten? Und der Bauch? Wird er zur Trommel aller Töne und Rhythmen, die die Vibrationen an den ganzen Körper weitergibt? Kreise mit deinem Becken und laß dein Ohr zu deinem inneren Auge werden. Sieh mit den Ohren und höre mit den Augen.

Exkurs:
Erläuterung zur arabischen Musik

Die arabische Musik variiert von Land zu Land. Gemeinsam ist ihr der stark improvisierte Charakter sowie ihre melodische Ausrichtung. Es ist eine Musik, die den Menschen in sein Inneres führt. Musik, genauer gesagt, Gesang ist untrennbar mit dem Leben der Araber verbunden. Und obwohl Musik in manchen Epochen hochgeschätzt und in anderen wieder verdammt wurde, so nimmt sie doch eine unentbehrliche Funktion bei verschiedenen gesellschaftlichen und religiösen Ereignissen ein.

Das Merkmal der arabischen Musik ist eine freie Organisation des Rhythmisch-Zeitlichen und eine verbindlich determinierte Organisation des Tonräumlichen. Sie ist gekennzeichnet durch ein modales Tonsystem, das vom *maqam* und dessen Technik beherrscht wird. Das *maqam*-Phänomen ist eine durch vokale oder instrumentale Improvisation entfaltete modale Musikform. Die tonräumliche Komponente formt den *maqam* und stellt den entscheidenden Faktor dar, während der rhythmisch-zeitliche Faktor keiner bestimmten Organisation unterworfen ist und der Improvisation überlassen wird. Zum Vergleich: Ein Walzer beispielsweise weist in erster Linie eine rhythmisch-zeitliche Organisation auf, die tonräumliche Anordnung hingegen ist keinen Regeln unterworfen. Der Komponist erfindet seine Melodie, also die tonräumliche Komponente, paßt sie einem nicht von ihm erfundenen, vorherbestimmten rhythmischen Muster an, gibt ihr einen Titel und unterschreibt sie mit seinem Namen. Die tonräumliche Ordnung eines jeden Walzers ist anders geschaffen, während die rhythmisch-zeitliche Organisation festliegt.[36]

Bei einem *maqam* hingegen gibt es hinsichtlich des Zeit-Parameters keine Organisation, also weder feststehende, regelmäßig wiederkehrende Taktschemata noch ein gleichbleibendes Metrum. Dies vermittelt das Gefühl der Unendlichkeit, ohne Anfang und Ende, doch es sind einfach nur andere Formen und Aufbauelemente, die einen *maqam* bestimmen. Ein *maqam* wird vor allem durch mehrere Melodiezüge gegliedert, die durch verhältnismäßig lange Pausen voneinander abgegrenzt sind.

Foto: Andi Diem

Die Sinnlichkeit des Tanzes beginnt beim Ohr.

Das tonräumliche Geschehen im *maqam* entwickelt sich in jedem Melodiezug weiter, wobei in jedem neuen Melodiezug etwas Neues in Erscheinung tritt, das entweder für sich allein behandelt oder mit dem schon vorher dargestellten Alten kombiniert wird.[37] Das Erkennen der Innengliederung eines *maqam* erfordert aufmerksames Zuhören, vor allem, wenn man mit dieser Art von Musik noch nicht so vertraut ist.

Allgemein glaubt man in den arabischen Ländern, daß Musik Selbstkontrolle sowie Blockaden auflöst und Stimmungen und Erinnerungen hervorrufen kann wie keine andere Kunst. Daher wird Musik auch als Therapie verwendet. Jede *maqam*-Darstellung besitzt ihre eigene Gefühlsstimmung und verwirklicht beim Hörer eine Gefühlsla-

Foto: Andi Diem

ge oder Stimmung. Der *maqam* wird jeweils auf einem bestimmten Ton aufgebaut, von dem er auch seinen jeweiligen Namen bezieht – meist bekommt der Ton den Namen einer Stadt, einer Landschaft oder sogar eines Volksstammes. Die Tonfolgen bewegen sich in Viertel-, Halb- und Ganztönen durch die Oktave, die in 24 annähernd gleiche Teile aufgeteilt wird. Durch die Vierteltöne werden auch sehr feine Schwingungsnuancen und Gefühlsstimmungen erreicht, die zur Heilung von psychischen und physischen Störungen eingesetzt werden. So ruft der *maqam* „rast" ein Gefühl des Stolzes, der Macht, der geistigen Gesundheit und der Männlichkeit hervor. Er wirkt auf Augen, Kopf und Denkstrukturen. Der *maqam* „bayati" bringt das Gefühl der Lebenskraft, der Freude und der Weiblichkeit zum Ausdruck. Er wirkt vor allem auf das Herz. Der *maqam* „sigah" wiederum erzeugt ein Gefühl der Liebe. Er nimmt Einfluß auf die Niere und die Leber. Der *maqam* „hidschas" erweckt ein Gefühl der Wüstenferne und der Unendlichkeit. Er wirkt auf die Sexualorgane. Der *maqam* „saba" ruft ein intensives Gefühl der Traurigkeit und des Schmerzes hervor. Er wirkt vor allem auf die Brust und den Bauchbereich. Insgesamt gibt es mehr als siebzig verschiedene *maqam*-Reihen.

Anders als die westliche Musik, die eine Vielfalt an Variationen in sich trägt, wird die arabische Musik von einer sich ewig wiederholenden Melodie getragen. Das macht ihren hypnotischen, tranceartigen Charakter aus. Sie ist mit den Wellen des Meeres vergleichbar, ewig wiederkehrend und dann doch immer anders, aber diese Andersartigkeit ist sehr subtil und fein. Es braucht Zeit, um diese Feinheiten zu erkennen und zu genießen. Für den Bauchtanz oder Frauenbeckentanz ist die arabische Musik besonders geeignet – obwohl man ihn natürlich zu jedweder Musik tanzen kann –, da sie das innere Raumgefühl stärkt und somit der Tänzerin hilft, sich auf ihren inneren Raum, auf ihre binnenkörperlichen Bewegungen zu konzentrieren.

Und was ist mit dem Hörsinn?

Das erste Sinnesorgan, das schon sieben bis acht Tage nach der Befruchtung zu wachsen beginnt, ist der Hörsinn. Viereinhalb Monate danach erreicht das Innenohr seine endgültige Größe.

Wenn wir sterben, wenn alle Sinne erlöschen, wir nichts mehr fühlen, schmecken oder riechen können, so ist der letzte Sinn, der bei den meisten Menschen erlischt, der Hörsinn. Er setzt also als erster ein und erlischt als letzter.

Das Neugeborene wird schon mit beträchtlichen Erfahrungen geboren, die es durch die Gehörsempfindungen mitbekommen hat. Es hat das regelmäßige Schlagen des Herzens gehört, das ihm Leben eingepumpt hat, es kann Niesen und Husten unterscheiden, und es kennt eine unendliche Menge an gurgelnden Geräuschen.

Noch etwas: Unser eigentliches Hörzentrum lagert im Felsenbein. Die Wissenschaft nennt diesen Knochen so, weil es der härteste Knochen im menschlichen Körper ist. Kein Punkt in unserem Körper ist besser geschützt als unser Gehörzentrum. Wie wichtig muß dieses Organ für die Entwicklung des Menschen sein, daß es so beschützt wird!

Betrachte einmal deine Füße. Hast du dich jemals gefragt, wie es möglich ist, daß zwei so kleine Füße einen so großen Körper aufrecht tragen können? Aufrichtung ist schwieriger als Gehirnentwicklung. Aufrecht gehen bestimmte Primaten erst seit ungefähr sechs Millionen Jahren, zur Entwicklung des Gehirns kam es schon sehr viel früher. Aufrichtung wird über das Ohr gesteuert, das für unsere Balance und unser Gleichgewicht zuständig ist. Wir benötigen daher sehr viel mehr Nervenverbindungen zwischen dem Gehör und der Wirbelsäule als etwa zwischen dem Auge und der Wirbelsäule. Unser Ohr muß, um uns aufrecht halten zu können, von auf unseren ganzen Körper, bis hinunter in die Fußsohlen verteilten Gleichgewichtsrezeptoren informiert werden. Beobachte dich selbst: Um bewußter und genauer hören zu können, spannt sich der Körper in einer aufrechten Haltung. Auch Tiere richten sich auf, um besser hören zu können. Doch beim Sehen ist kein Aktivierungsimpuls notwendig. Macht also Sehen bequem? Wenn man bedenkt, daß das Gehirn 90 Prozent seiner elektrischen Energie vom Ohr empfängt und sich sämtliche übrigen Sinne mit den restlichen 10 Prozent begnügen, so kann man mit einem klaren Ja antworten – eine Antwort, die in einer Welt, in der das Sehen die dominierende Rolle einnimmt, zu denken gibt. Sehen lenkt ab, beschäftigt, informiert, doch einen Text mußt du nicht nur hören, du mußt ihn auch verstehen, um „aufrichtig" Spaß daran zu haben. Optische Ortung entwickelt kein Gehirn, sie informiert nur.

Wenn du fällst, ist es das Ohr, das deinen Körper beim Sturz schützt. Die heftige Erregung der Bogengänge im Innenohr bedingt, daß sich der fallende Körper so zusammenzieht, daß der Hinterkopf nicht auf den Boden aufschlägt und die Aufprallstelle an der gebeugten Wirbelsäule erfolgt, und zwar in der Nähe des Schwerpunkts. So kann der Körper auch tiefe Stürze ohne dauerhafte Schäden überleben.

Geräusche, Musik, Sprache, Orientierung und Kommunikation stehen alle in Verbindung mit dem Hörsinn. Es ist das Gehör, das Denken und Gehirn konditioniert und aktiviert. Schallwellen vergehen schnell und müssen daher rasch verarbeitet werden. Anders wiederum beim Sehen: Wenn wir eine Landschaft betrachten, so ist diese im nächsten Moment noch immer da, die Schallwellen jedoch nicht. Wir würden also viel langsamer denken, würde die optische Wahrnehmung das Gehirn konditionieren! Um genau zu sein: siebenmal langsamer, denn wir können siebenmal schneller hören als sehen.

Wieso also wird das Hören dann so stiefmütterlich behandelt?

Die Sprache, der ausgesandte Schallstrahl erfüllt seine Funktion, wenn er zu dem Lebewesen zurückkommt, das ihn ausgesandt hat. Es besteht somit eine Verbindung zwischen dem Lebewesen, das den Schall aussendet, und dem Objekt oder Punkt, von dem er zurückgeworfen wird. Fragen und Antworten entwickeln Sprache. Ohne dieses Prinzip ist eine geistige Entwicklung unvorstellbar. Wie wichtig ist daher die akustische Anregung für unsere Kinder!

Eine Frage zu stellen, eröffnet die Sequenz. Wir denken, weil wir fragen können, und Antworten verhelfen uns zu weiteren Fragen. Ein rein optisches Wesen hätte wenig Gründe, ein Fragesystem zu entwickeln. Es ist ihm ja alles Notwendige bekannt. Das Wissensdefizit über die Umwelt ist gering. Alles ist erkennbar, was unmittelbar wichtig ist. Das Auge markiert einen Endzustand; das Ohr führt weiter, weiter in der Entwicklung, aber auch weiter nach innen. Sollen wir, in unserer immer optischer orientierten Gesellschaft, nur mehr in der rein sichtbaren, materiellen Welt verharren und aufhören zu fragen, nur mehr passiv konsumieren? Aus der Welt heraus, abgekapselt im ängstlichen Ich, in ein Schaufenster, in einen Fernseher blicken?

Ohren lügen nicht; sie nehmen die Dinge, die Töne so auf, wie sie sind. Bei den Ohren gibt es kein Außen und Innen, alles fließt ineinander über und wird eins. Wenn ich höre, verlege ich das, was ich höre, in mich hinein. Hörender und Gehörtes werden eins. Es ist ein viel mehr verinnerlichender Vorgang als das Sehen. Wenn ich sehe, bin ich immer ein wenig woanders, ich schaffe eine Distanz zwischen dem Beobachter und dem Beobachteten. Anders beim Hören, bei dem ich mir ein Bild des Gehörten erst im Gehirn zusammenstelle. Das ganze Objekt wird in das Raummodell im Hirn hineinverlegt, sodaß die Ohren „sehen" können. Das Ohr gibt alle Informationen, alle Wellen und Schwingungen in Form von elektrischen Signalen an das Gehirn weiter. Erst dort werden aus den Wellen Geräusche, Musik oder Sprache; erst dort entsteht das eigentliche Hörbild. Das Sehbild entsteht im Auge, auf der Hornhaut, das Hörbild entsteht im Gehirn. Deshalb brauchen wir mehr Nervenverbindungen zwischen dem Gehirn und den Ohren als zwischen den Augen und dem Gehirn. Der Hörvorgang lenkt das Gehörte viel tiefer in den Hörenden hinein. Optische Täuschungen sind ein gängiger Begriff; akustische Täuschungen kommen zwar auch vor, sind aber zu selten, um einen Terminus zu bilden.

Was ist Hören, was Sprache, was sind Fragen? Sind die Signale, die ein Lebewesen aussendet, nicht immer Fragen an das Selbst, wenn auch über Umwege? Und die Stille? Macht nicht der Zwischenraum, die Leere aus dem Geräusch einen Rhythmus? Nicht auf die Klänge oder Schläge kommt es an, sondern auf die Stille, auf den schweigenden Raum zwischen ihnen. Den Zwischenraum fülle ich aus, im Zwischenraum befinde ich mich. Jeder Laut zielt zur Stille. Stille heißt Rückkehr zum Ursprung. Aus der Stille steigt die Seele.

Und die Gedanken? Sie sind die Urmutter des Lauten. Wenn du zu deinem eigenen Beobachter wirst, beginnst du die Gedanken zu beherrschen und kannst aus dem ewig zermürbenden Kreislauf aussteigen. Du lernst deine Gedanken zu kontrollieren und nicht umgekehrt. Und dann? Dann wird Schweigen hörbar, und die Musik des Universums beginnt.[38]

Wenn du Aufmerksamkeit, Wachsamkeit üben möchtest, dann achte auf die Leere zwischen den Klängen.

Übung

Die folgende Übung aktiviert deine Hellhörigkeit, sensibilisiert und fördert deine Aufmerksamkeit:

Lege oder setze dich bequem hin, wenn möglich draußen in der Natur, sodaß du nicht abgelenkt werden kannst. Suche dir zwei Geräusche aus und konzentriere dich auf sie – sei es das Rauschen des Windes und das Zwitschern der Vögel oder das Hämmern der Nachbarn und das Tropfen des Wasserhahnes. Wenn sich dein Ohr auf beide Geräusche eingestimmt hat und du sie klar identifizieren kannst, jenseits aller anderen Geräusche und Töne, dann hole dir ein drittes Geräusch herbei. Es erfordert vollkommene Konzentration, um drei Geräusche unabhängig voneinander wahrnehmen zu können, doch es ist möglich. Und wenn du es geschafft hast, wirst du erkennen, daß du ganz im Jetzt lebst, ohne Vergangenheit und Zukunft, du streifst alles Unnötige ab.

Ein weiteres Hör-Spiel

Lade Gäste zu dir ein, bereite alles vor, sodaß du den Raum nicht mehr zu verlassen brauchst, und überrasche sie damit, daß ihr den Abend gemeinsam im Dunkeln verbringt. Man sitzt zusammen, plaudert, hört Musik, geht in die Kunst des Fragens ein, doch ohne die anderen zu sehen; nur das Hören zählt. Es ist nicht wichtig, wie der andere aussieht, was er anhat, wie er gestikuliert – nur sein Ton, seine Stille, seine sich manifestierende Sprache zählen. Lernst du den Menschen so anders kennen, eröffnen sich neue Welten für dich? Mach dir ein Bild von ihm, indem du mit deinen Ohren siehst. Wie gehst du mit der Stille um? Beobachte dich selbst, oder besser: Höre dich selbst.

Nase:

Bringe mich, oh Duft, über die Grenzen an meinen Ursprung zurück

Wenn du tanzt, umgib dich mit angenehmen Düften. Fülle den Raum mit Weihrauch aus und laß die Nase dich im Tanz begleiten. Je mehr Sinne sich beteiligen, desto intensiver wird das Erlebte und desto leichter der Übergang in den intensiv erlebten Moment, in das Hier und Jetzt.

Kein Sinnesorgan wird im Orient so gepflegt und umhegt wie der Geruchssinn. Er wird als der „spirituellste" Sinn geschätzt. Ein Duft kann, wenn wir ihn erneut atmen, die Erinnerung an schon Erlebtes wachrufen. Ein Duft kann das Vergangene zurückholen.

Im Orient achtet man besonders auf den Körpergeruch. Muslime begehen vor jedem Gebet eine rituelle Waschung der Hände, der Nase, des Mundes, des Gesichtes, der Arme, des Kopfes, der Ohren, des Halses und der Füße. Bei jedem Toilettegang werden die Geschlechtsorgane stets mit der linken Hand gewaschen. Die Sauberkeit des Körpers spielt eine wesentliche Rolle im Alltag und in der Religion. Nicht nur das; man weiß auch um die Wichtigkeit der Düfte und deren Effekt auf die Seele Bescheid. Wenn man in den Souk geht, ist man von den verschiedenen Düften umgeben, die aus den Geschäften strömen. In den Geschäften wie in den Haushalten wird immer wieder Weihrauch angezündet, um die Seele und die unsichtbaren Wesen, die Dschinn, zu beschwichtigen. Zum Freitagsgebet ist es fast eine Pflicht gegenüber anderen Betenden, wohlriechend und sauber zu erscheinen.

Im Wirbel liegt die Ruhe ...

Exkurs:
Sechs Stationen zum menschlichen Glück

Mystik beziehungsweise Spiritualität ist als „der große geistige Strom, der alle Religionen durchfließt", bezeichnet worden. Im weitesten Sinne kann Mystik als das Bewußtsein der *einen* Wirklichkeit definiert werden, ganz gleich, ob man diese nun „Weisheit", „Licht", „Liebe" oder „Nichts" nennt.[39] Diese Definitionen sind bestenfalls Wegweiser.

Foto: Andi Diem

... und im Duft die Besinnung.

Für eine Religion, die mit Nachdruck die göttliche Transzendenz lehrt, aber nicht wie das Christentum den Glauben an eine göttliche Inkarnation einschließt, muß die Frage, wie das Geschöpf mit seinem Schöpfer in Verbindung treten, wie also der Mensch zu seinem Heil kommen kann, von größter Wichtigkeit sein.

Die Antwort der Mystiker des Islam lautet – ähnlich wie die der Neuplatoniker –, daß die Verbindung zwischen dem göttlichen Schöpfergeist und der Vielzahl der Geschöpfe in Stufen der Emanation erfolgt, des Hervorgehens aller Dinge aus dem absoluten Sein des Göttlichen, denen folgend der Suchende zu immer höherer Erleuchtung des Geistes emporsteigt, durch deren Erkenntnis er zur Erkenntnis des Einen und damit zum Heil der Seele gelangt.[40] Da die verschiedenen Stufen zwischen dem Urgrund alles Seins und Kreatur in den himmlischen Sphären verdinglicht erscheinen, sind sie der visionären Schau in einem gewissen Grad unmittelbar zugänglich.

In allen Religionen haben die Mystiker die verschiedenen Stufen und Schritte, die zu Gott führen, gern mit dem Bild des Weges beschrieben. Die Stationen auf diesem Weg stellen in der islamischen Mystik die verschiedenen Stufen dar, die der Wanderer in seiner asketischen und moralischen Disziplin erreicht.

Den Düften wird bei diesen Stufen große Wichtigkeit zugesprochen. Sie dienen als Hilfe für die Seele auf ihrer Reise zur Einheit. So werden jedem Seelenzustand spezielle Düfte zugeschrieben, die den Suchenden durch die verschiedenen Stationen begleiten und ihm den Weg zum Ziel erleichtern sollen.

Amber ist der Vater der Düfte, Rose die Mutter. Sie bilden das Yin und Yang der Düfte. Wenn die göttliche Sehnsucht sich in der Seele ausbreitet, so werden dem *murid*, wörtlich dem „Wollenden", Reisenden oder Suchenden folgende Düfte verschrieben: Amber, Rose, Jasmin, Moschus, Veilchen und Weihrauch. Sie begleiten ihn auf seiner ersten Stufe beziehungsweise seiner ersten Station.

Die *erste Stufe* ist *maqam an-nafs*, Station des Selbst oder der niederen Seele (*maqam* bedeutet wörtlich „Station, Situation, Lage, Rang"). Hier lernt der Suchende, sein Selbst zu beherrschen und zu besänftigen sowie seinen Charakter zu erziehen. In dieser Stufe besteht seine Hauptaufgabe darin, sich bereit zu machen. Jeder Mensch wird in dieser Stufe geboren, und die meisten verharren in ihr bis zu ihrem Lebensende. Wenn ein Kind geboren wird, so ist es damit ausgefüllt, seine physischen Bedürfnisse zu stillen. Es möchte Nahrung, möchte getragen und umsorgt werden. Bekommt es dies nicht, so wird es weinen, spucken und schreien, um sein Ziel so schnell wie möglich zu erreichen. Doch ebenso, wie der Körper des Kindes wächst, erwarten wir auch, daß die Seele eines Menschen wächst und sich aus der starken „Ichbezogenheit" weiterentwickelt. Viele Menschen wachsen zwar körperlich zu Erwachsenen heran, verlassen jedoch die Stufe der Abhängigkeit vom Selbst nie. Solche Menschen hören nicht auf zu verlangen und bleiben in der Knechtschaft der Selbst-Befriedigung hängen.

Nach dem Glauben der spirituellen Meister des Islam ist dies die Ursache vieler chronischer, degenerativer und emotioneller Krankheiten. Denn die Seele, der Hauch des Göttlichen, ist zum Wachsen prädestiniert. Darin wird der Sinn des Lebens gesehen. Vergißt dies der Mensch – deswegen im Arabischen auch *insan*, „der, der vergessen hat", genannt – und verstrickt er sich in der materiellen Welt, dann schadet er seiner Seele und somit der Harmonie auf Erden. Dieses Steckenbleiben im niedrigen Selbst kann sich in Form von Selbstzweifel, Beklemmungen, Angst, Egoismus, Depression, Selbstmord, Weinkrämpfen ohne ersichtlichen Grund, kriminellem Gehabe, Alkoholismus, Drogenmißbrauch oder sexuellen Perversionen zeigen.

Auf körperlicher Ebene kann sich dieses Verharren in der niedrigen Stufe durch Fettleibigkeit, Augenprobleme, Herzanfälle, Geschlechtskrankheiten oder Krebs manifestieren. Dies bedeutet aber nicht, daß jede dieser Erscheinungen sofort oder nur als Manifestation dieser ersten Stufe zu sehen ist. Das Leben selbst unterliegt so vielen verschiedenen Umständen und Gegebenheiten und ist so vielfältig in sich verknüpft, daß es unmenschlich wäre, nur von äußeren Erscheinungen auf innere zu schließen, bevor man nicht alle Nuancen jedes einzelnen berührt und verinnerlicht hat. Es bedeutet auch nicht, daß man in dieser Stufe keine netten, freundlichen Menschen auffindet, denn eine natürliche Gutheit ist in jedem Menschen, doch dem Ruf der Seele können oder wollen nicht alle folgen.

Die *zweite Station* ist die des Herzens, *maqam al-qalb*. Das Herz wird als die Essenz des Menschen bezeichnet. Es ist aber auch der Sitz der Erinnerungen und der Träume, der falschen Hoffnungen und Schuldgefühle, der harten kleinen Kieselsteine von Eigen-Interessen, von Wünschen und Ängsten. Das „verhärtete Herz" zu entleeren, den Schutt zu entfernen, es neu zu füllen, ist eine vordringliche Aufgabe jeder Frau und jedes Mannes.

In dieser Phase beginnt das Herz des Suchenden zu schmelzen und allerlei Schwankungen zu durchmachen. Er wird von einer Liebe zu allen Wesen hingezogen, beginnt andere zu lieben wie sich selbst und sieht eher das göttliche Licht in ihnen als ihre menschlichen Schwächen. Sanftmut und Gelassenheit umgeben ihn, und seine Augen füllen sich aus scheinbar unersichtlichen Gründen mit Tränen. Er wird aber auch launischer und wälzt sich wie ein verwundetes Tier vor innerer Zerrissenheit. Der Suchende schweift herum, läuft davon, um immer wieder zurückzukehren. Die Verwandlung beginnt.

Die Düfte, die den suchenden Menschen auf dieser Stufe begleiten, sind Amber, Rose und Moschus. Diese Düfte helfen vor allem dem Körper, sich aus den Verstrickungen und Krankheiten dieser Station emporzuheben. Der Körper wird von innen her gereinigt und entgiftet und beginnt sich selbst zu heilen. Dies kann sich durch folgende Erscheinungen zeigen: Hautausschlag und Kopfhautprobleme, Kopfschmerzen, insbesondere Migräne, Fieber, Durchfall, Übelkeit, Nieren- und Gallenschmerzen.

Auf der emotionellen Ebene können sich Gefühlsausbrüche wie Ekstase, Freude, Depression, Wut, Arroganz und Intoleranz gegenüber Gefühlen anderer zeigen. Vergeßlichkeit, Unkonzentriertheit, Angst vor dem Mißlingen und Selbstbetrug können in verstärktem Maße auftreten.

Bei seelischen Verstrickungen sollen die Düfte Jasmin, Sandelholz und Weihrauch helfen.

In dieser Phase kann es zu großen Veränderungen im Leben kommen: Scheidungen, Freunde wenden sich ab, finanzielle Probleme treten auf, aber auch eine neue, überwältigende Freude dem Leben gegenüber erfüllt den Suchenden.

Die *dritte Station* ist die der Seele, *maqam ar-ruh*. Ab dieser Station steigern sich die Gefahren für den Suchenden. Er braucht von nun an einen Meister beziehungsweise eine Meisterin, die ihm auf seinem Weg weiterhilft, also jemanden, der selbst schon den Weg gegangen ist, die Gefahren und Tücken selbst schon erlebt und überwunden hat. Die äußeren Gesetze und Pflichten, die einem suchenden Menschen auferlegt werden, dienen dazu, alle Kräfte der Seele in eine Richtung zu lenken, um ihr zur Glückseligkeit zu verhelfen. Verschiedene Praktiken werden dem Schüler auferlegt, um seine Fähigkeit zur Gnade und Barmherzigkeit zu steigern, seine Rücksicht und Selbstbetrachtung sowie die Disziplinierung des Selbst zu fördern. Dies zu erreichen, ist die Aufgabe des Lehrers. Die Düfte, die hier der Seele beim Aufstieg helfen, sind Aloeholz, Henna, Amber und Moschus. Auf der seelischen Ebene sind dies die Düfte der Rose und des Sandelholzes.

Jemand, der sich auf dieser Stufe befindet, wirkt auf andere als ein Mensch von großer Liebe und Spiritualität. Doch selbst hier wird der Suchende noch mit emotionellen und psychischen Instabilitäten konfrontiert. Sie dienen dazu, seinen Glauben auf dem Weg zur Glückseligkeit immer wieder herauszufordern. Die emotionellen Probleme manifestieren sich in Arroganz und Stolz gegenüber anderen, in Selbsttäuschung, Konzentrationsmangel, Wankelmütigkeit und manchmal in der Angewohnheit, andere zu degradieren. An diesen Krankheiten leidet der Mensch, der die dritte Stufe erreicht hat, wenn er noch nicht ganz gefestigt und immer wieder den Gelüsten des Selbst ausgeliefert ist.

Die körperlichen Beschwerden dieser Stufe können sein: Berauschtheit, bedingt durch exzessive Atemtechniken, nervöse Zuckungen, Müdigkeit, Heißhunger und Fieber. Das Fieber in dieser Ebene unterscheidet sich von dem auf der ersten oder zweiten Stufe, welches vom Körper zur Selbstreinigung und -entgiftung verursacht wird. Hier aber bedingt es eine tiefe spirituelle Reinigung der Seele, das Abbrennen aller Unreinheiten auf der seelischen Ebene.

Die *vierte Station* wird die des Geheimnisses genannt, *maqam assirr*. Hier eröffnen sich dem Suchenden die Geheimnisse der göttlichen Gesetze. Er beginnt die Mechanismen zu verstehen, durch die das ganze Universum zusammengehalten wird. Auf dieser Stufe entwickelt der Reisende voll ausgeprägte hellseherische Macht und kann die Gedanken anderer lesen. Menschen in dieser Station folgen nicht mehr egoistischen, selbstbezogenen Zielen. Sie sind nicht mehr an Ruhm, Reichtum oder irgendeiner Art von Sensation interessiert. Ihre Beziehung besteht nur mehr zum Göttlichen, zum Schöpfer aller Dinge. Doch sie bleiben Menschen und werden deshalb immer noch von körperlichen und emotionellen Ereignissen heimgesucht. Man kann diese nicht mehr als Krankheiten bezeichnen, sondern eher als „Gleichgewichtsstörungen", die den Menschen in dieser Stufe verharren oder vielleicht sogar zurückfallen lassen in eine niedrigere Stufe und ihn daran hindern, zu seinem endgültigen Ziel zu gelangen. Die größten Gefahren oder „Gleichgewichtsstörungen", die hier passieren können, sind Fehlinterpretationen von göttlichen Phänomenen: Glaubensverfall, Irrationalität, Vergeßlichkeit, Herzschmerzen oder -stechen, Übersensibilität und Mangel an Interesse am irdischen Leben. Die Düfte, die hier helfen können, sind Henna, Sandelholz und Aloeholz.

Körperliche Probleme dieser Stufe sind Fieber, Atmungsbeschwerden und Erstickungsanfälle, bedingt durch langjährig ausgeführte Atmungspraktiken in übertriebener, manchmal auch falscher Form.

Der Kontakt und die Beziehung zur unsichtbaren Welt, zu körperlosen Seelen, Dämonen und Dschinns werden stark und können zum Teil lästig werden. In einem solchen Fall werden verschiedene spirituelle Praktiken ausgeführt, unter anderem Atemübungen. Für die Atemübungen wird meist der heilige Koran herangezogen, in dem die verschiedenen Atmungsformen, der Beginn und das Anhalten der Atmung aufgezeichnet sind. Rezitationen, die mit einem Atemzug über zwei Minuten anhalten und vier bis fünf Oktaven beinhalten, können von manchen Menschen ausgeführt werden.

In der *fünften Stufe*, dem *maqam al-fana'*, der „Ebene der Entwerdung", harmoniert die innere Natur des Menschen, der Mikrokosmos, mit den Gesetzen des Makrokosmos und befindet sich im Einklang mit dem Realen, dem Wahren, dem Metakosmos. Der Mensch kann das Göttliche wahrlich erblicken. Er kann diese Welt ganz sehen, aber auch in die nächste, die Welt anderer Geschöpfe Einsicht nehmen.

Der Sinn des Lebens besteht für diesen Menschen darin, die göttliche Beziehung aufrechtzuerhalten und immer wieder zu berichtigen. Nicht Selbstverherrlichung, sondern Selbstauslöschung, das Entwerden, führt zur Einheit, zum Göttlichen. In dieser Stufe verdient der Suchende den Namen *Mensch*, denn er ist es wahrlich geworden und kann als Diener und Stellvertreter Gottes in dieser Welt walten. Er stört nicht mehr die Harmonie auf Erden, sondern wird zum göttlichen Instrument, das zur Erhaltung dieses feinen Organismus besteht.

Auf dieser Ebene gibt es nur die Düfte Rose und Amber, die der Seele den letzten Anstoß geben und die beschwerlichen Zustände mildern sollen, die hier zwar wenige, aber dafür sehr schwer sein können und sich in exzessiver Ekstase zeigen. Ein Mensch in diesem Zustand wird *majdub* genannt, völlig aufgesaugt vom Göttlichen, vom Geliebten, in einem ewigen Zustand vollkommener Glückseligkeit. Solchen Menschen ist es egal, ob sie essen oder schlafen, wie sie gekleidet sind und wie andere auf sie reagieren. Sie erfahren die Realität auf eine ganz andere Weise. Doch dies soll nicht das Ziel dieser Stufe sein.

Manche Menschen in dieser Stufe hören auf zu sprechen und sind vollkommen in der Stille. Sie hören nur mehr den Klang des Universums und sind davon so überwältigt, daß sie kein Bedürfnis zur Kommunikation mehr haben. Ein hohes Maß an Vergeßlichkeit verfolgt den Menschen in dieser Stufe. Er kann von einem Moment zum anderen nicht mehr wissen, was er gesagt oder getan hat. Große Ähnlichkeit besteht zwischen den Zuständen in dieser Stufe und den geisteskranken Menschen. Deshalb geht man in den orientalischen Ländern sehr umsichtig mit den in den Straßen umherwandelnden „Geisteskranken" um; es könnte ja auch ein von Gott begnadeter Mensch sein, durch dessen Mißachtung man sich nichts Gutes tut. Je höher man in den Stufen der Seele steigt, desto größer werden auch die Gefahren und desto mehr wird man von den bösen Kräften verleitet.

In der *sechsten Station*, dem *maqam al-baqa'*, erreicht der Mensch den Zustand des *baqa'*, „des Bleibens im Göttlichen", in der Verewigung. Was bleibt, ist nicht die Person, die er war, die Person, die er mehr als alles andere auf Erden schätzte, ehe er diesen Weg beschritt. In dieser Stufe herrscht Harmonie auf allen Ebenen. Hier herrscht kein Duft mehr, denn die Seele hat ihr wahres Ziel erreicht und ihr Glück endlich gefunden. Diese Stufe, anders als alle anderen, kann nicht durch Eigenbestreben erreicht werden. Es ist Gott allein, der einen Menschen für diese Stufe auserwählt. Ein Mensch in dieser Stufe hat nichts mehr mit der Welt zu tun. Er braucht weder Nahrung noch Schlaf. Er hat die menschlichen Beschränkungen überschritten und kann sich an jeden Ort emporschwingen. Das einzige körperliche Ereignis, das ihn noch einholt, ist das des Todes, der ihm vorher angekündigt wird. Und der Tod an sich wird als Segen gefeiert, denn diese Menschen haben schon lange vorher ihren Bezug zur Welt aufgegeben.

Die Einteilungen und Klassifizierungen der Stufen sowie die Beschreibungen gewisser Zustände und Erfahrungen variieren je nach spiritueller Schule und deren Meistern. Die hier verwendete Erläuterung ist eine leicht verständliche Darstellung, während die Materie in sich viel komplexer ist.[41]

Die Ausstrahlung eines Erleuchteten und das reine Wesen eines Kindes sind eins – oder: Du kannst noch so viele Beschreibungen über den Geschmack, den Duft und den Effekt eines Apfels lesen und studieren. Willst du aber wirklich wissen, wie ein Apfel schmeckt, dann nimm ihn und beiße hinein!

Und der Tanz?

Im Tanz, in jeder seiner Bewegungen, wird das Ich immer bewußter. Das Selbst erkennt die ruhende Pose und die Bewegung, die Instase und Ekstase im Tanz, und er wird grenzenlos strömend wie die Vollkommenheit des Wassers, in dessen Tropfen die Allmacht des Ozeans sich spiegelt.

Stelle dir einen Raum vor, an dessen Anfang du deine Geburt legst und an dessen Ende deinen Tod. Schließe die Augen und nimm dann zwischen diesen beiden Polen intuitiv eine Position ein, die deine jetzige Stufe widerspiegelt, und verharre für eine Weile. Laß dich von deiner Vergangenheit und deiner Zukunft umrahmen. Und dann beginne deinen Bildern, deinen Gedanken eine Form zu geben, gib sie weiter an deinen Körper und laß ihn deine Stimmungen ausdrücken. Nimm dir Zeit und wiederhole jede Bewegung, jeden Impuls, so oft du möchtest. Laß es fließen, dringe einmal in die Vergangenheit ein und wieder in die Zukunft vor. Wo stehst du und wie sieht dein Weg aus? Geh zurück zu deiner Geburt, kauere dich zusammen, kehre zurück zu dem Moment, in dem die Allmacht in dir klang und der Duft des Paradieses dich umgab. Tanze, tanze immer weiter, vor und zurück, hin und her, bis zu dem Moment, in dem du dich wieder hinlegst und das zweite Tor sich öffnet, das Tor namens Tod. Riechst du es wieder oder hast du es immer gerochen, niemals vergessen? Wie fühlst du dich?

Arme:

Die Schlangen im Wind

Aus dem Zentrum, dem Bauch, strecken sich die Arme zum Himmel und die Beine zur Erde. Du bist das Kind beider, durch dein Sein spiegelt sich das Leben wider. Tanze, oh Tochter, denn durch deinen Tanz erwacht das Leben.

Wenn du das Strecken deiner Arme in Harmonie mit deiner ganzen Haltung und Bewegung ausführst, spürst du sie in deinem Bauch. Die Arme und Hände sind ein wichtiges Ausdrucksmittel. Du kannst durch sie Stolz und Trauer, Locken und Ablehnung, Offenheit und Verschlossenheit, Freude und Scheu ausdrücken.

Strecke deine Arme, nimm den Raum um dich ein, oben, unten, vorne, hinten, dehne deine Reichweite aus, so weit du kannst, und fürchte nicht, durch diese Ausdehnung schwächer oder verletzlicher zu werden, denn dein Becken ist stets in der Erdmitte verwurzelt, und deine Quelle ruht in dir. So ist auch der entfernteste Punkt doch nur Ausdruck des Innersten.

Schlangenarme

Bei den Schlangenarmen kommt die Bewegung aus den Schultern, die Ellbogen sind dabei nach oben gerichtet. Dadurch entsteht eine fließende Bewegung, als ob keine Knochen in den Armen wären. Die Schultern werden daher intensiv massiert, alle Verspannungen lösen sich langsam.

Du beginnst, indem du den Brustraum weitest, klar und offen dastehst, sodaß du den Schultern den größtmöglichen Freiraum gibst. Dann beginnst du die Arme seitlich entlang deines Körpers hochzuheben, erst den rechten Arm und dann den linken, wie eine Windmühle

Strecke die Arme im Tanz, oh Tochter, denn durch deinen Tanz erwacht das Leben.

im Wind läßt du deine Arme locker ihren Lauf nehmen. Die Hände geben der Rotationsbewegung nach und fließen mit. Loslassen zu können ist das große Geheimnis der Schlangenarme. Das Gefühl, in den Fluß des Lebens einzutauchen und mit Weisheit neu aufzutauchen,

Foto: Andi Diem

Wie oft, mein Kind, strecke ich meine Liebe dir entgegen.

beherrscht dich. Die Bewegung fließt somit von den Schultern über die Arme bis zu den Händen, die Lungen füllen sich mit Luft, sie werden gereinigt. Der ganze Körper wird vitalisiert. Das ist der Sinn der Schlangenbewegung.

Arme zur Unendlichkeitsschleife (vgl. Hüften, S. 140 f.)

Wenn sich die Hüften heben und senken und eine Acht, eine Unendlichkeitsschleife formen, ohne Anfang und ohne Ende, beginnen sich die Arme fast automatisch im Rhythmus mitzubewegen. Die Arme sind in Hüfthöhe hinter dem Rücken, mit den Handtellern nach oben gerichtet. Komme mit deinen Händen nach vor zum Bauch, sodaß sich die Handrücken berühren, jetzt öffne sie wie eine Blüte, mit den Handtellern nach oben, ein Hohlraum, der geben und empfangen kann, eine Geste, die dem Spender und dem Bettler gleich ist. Bevor die Hände dort verweilen, führe sie wieder an den Hüften entlang zurück hinter den Rücken. Beschreibe mit den Handknöcheln einen kleinen Kreis, sodaß die Hände wieder in der Ausgangsposition sind. Arme und Hände deuten mit ihrem Kommen und Gehen die ewige Bewegung des Lebens an.

Arme zum Becken-Pendeln (vgl. Becken, S. 148)

Wenn das Becken pendelt und sich alle Poren des Körpers öffnen, breite deine Arme aus, wende den Handteller der linken Hand der Erde zu und den der rechten zum Himmel. Während das Becken pendelt, bringe die Arme langsam und mit der Gewißheit des Gleichmuts zusammen, bis sie sich über deinem Kopf vereinen und die Handteller sich treffen, um sich gleich darauf wieder zu trennen und sich in ihre Ausgangsposition der Dualität zu bringen.

Der linke Arm mit der zur Erde gedrehten Handfläche symbolisiert die Verbindung der Frau zur Erde, zur Materie, zur Natur.

Der rechte Arm mit dem Handteller nach oben, zum Himmel gedreht, zeigt die spirituelle Seite der Frau. Gerade durch ihre Verbindung zum Leben, durch ihre Bejahung des Lebens ist ihre Spiritualität, ihre Sensibilität, ihre Sehnsucht zur Einheit geformt.

Indem sie beides verbindet, die Arme über sich zusammenbringt, sodaß sich beide Handteller treffen und ein Zelt formen, findet sie die Einheit, die Verbindung zwischen beiden Welten.

Zelt-Arme

Das Zelt ist das Symbol der Einheit, es bildet einen Schutz, der aus der Frau selbst entsteht, aus ihrer eigenen Kraft. Bei den Zelt-Armen berühren einander entweder beide Handteller, oder – eine weitere Variante – die Handgelenke kreuzen sich, sodaß die Hände verschlungen aussehen. Dabei werden die Rippen hochgezogen, der Atemfluß wird tiefer.

Hoch-Seit-Armhaltung (vgl. Hüften, S. 136)

Diese Armhaltung kann bei allen Bewegungen verwendet werden, aber vor allem beim Hüft-Drop und Hüft-Stoß. Dabei wird der eine Arm in die Höhe gezogen, während der andere seitlich, also horizontal weggestreckt wird. Somit kann man leicht die Balance halten und mit den Füßen sicher aufkommen. Die Hände bilden dabei eine gelassene Verlängerung des Armes. Beim Hüft-Drop beziehungsweise Hüft-Stoß wird jedesmal der Arm gegenüber dem ausgestreckten Bein in die Höhe gestreckt. Dies hilft dir wiederum, in deiner Mitte zu ruhen. Du hältst dich mit einem Arm am Himmel fest und stützt dich mit dem anderen auf der Erde auf.

Trennungsbewegung

Strecke beide Arme parallel in Schulterhöhe vor dir aus. Die rechte Hand ist nach oben gewandt, sodaß du den Handrücken siehst, während du die linke Hand nach unten hängen läßt, um den Handteller zu erblicken. Jetzt führe gleichzeitig den rechten Arm hinunter, während du den linken Arm hinauf führst. Wenn du an den Grenzen deiner Bewegung angelangt bist, wechsle die Position der Hände, das heißt, du siehst diesmal den Handteller der rechten und den Handrücken der linken Hand. Wieder wandern die Arme weiter, auf und ab, als ob du eine energetische Mauer zwischen dir und deiner Umgebung bildest, hinter der du dich nach Belieben zeigst oder versteckst. Übe diese Bewegung so lange, bis sie dir fließend gelingt, und du wirst selbst die dabei entstehende Energie spüren. So übst du spielerisch und gelassen, dich von deiner Umwelt zu trennen und mit dir zu sein.

Hände:

Das Geben ist die Quelle des Nehmens

Das erste, was wir einem Menschen reichen, ist die Hand. Wenn zwei Handflächen miteinander in Berührung kommen, tritt ein Teil des Körpers, in dem viele Gefühlsnervenenden sitzen, mit einem anderen in Kontakt. Eine ganze Welle von Informationen wird über diesen Körperteil vermittelt.

Im Orient achtet man sehr darauf, daß die innere Handfläche weich und geschmeidig bleibt; dies wird durch das Färben mit Henna erreicht. Henna schützt die Handteller vor der Witterung und beschützt die vielen Gefühlsnerven, die in der Handinnenfläche ihren Sitz haben. Meist wird die ganze Handfläche bis zu den zarten Fingerkuppen eingefärbt oder mit Ornamenten verziert.

Die Hände sind es auch, die jegliche Anstrengung des Körpers am ehesten sichtbar machen. Jede körperliche Überbeanspruchung und genauso auch das Alter eines Körpers manifestiert sich deutlich in der Haltung der Hand.

Übung des Gebens

Massiere jemanden, den du gerne anfaßt. Wenn du Öl oder Lotion verwenden möchtest, dann erwärme es in deinen Händen auf Körpertemperatur, bevor du mit der Massage beginnst. Führe deine Bewegungen fest und dennoch sanft, vollständig und nicht überraschend, sondern ineinander übergehend aus. Geh stets an den Ausgangspunkt deiner letzten Bewegung zurück, bevor du mit einer neuen beginnst, damit du die oder den Massierten nicht mit einer unerwarteten Berührung erschreckst. Die Haut ist ein Organ, welches uns mit der Welt verbindet. Indem du der Berührende bist, wirst du zum intensiv empfundenen äußeren Boten. Gib so, wie du gerne empfangen würdest, sodaß Berührender und Berührter eine Einheit bilden und das Geben und Nehmen jederzeit umkehrbar, untrennbar wird.

Die Fingerhaltung beim Bauchtanz

Es gibt einen einfachen Trick, wie du von Anfang an eine graziöse Fingerhaltung einnehmen kannst. Spreize deinen Ringfinger etwas nach oben und laß die restlichen Finger einfach locker herunterhängen. Dabei wird die ganze Konzentration im Zeigefinger und Daumen liegen. Konzentriere deine gesamte Energie im Zeigefinger als dem äußersten Punkt deines Armes. Diese Fingerhaltung wird auch im Gebet verwendet, wenn man die Einheit bezeugt. Daher wird der Ringfinger in der arabischen Sprache „der Zeugenfinger" genannt.

Wenn du tanzt, dann lege deinen ganzen inneren Reichtum in deine Hände, alle Empfindungen, all dein Wissen, all deinen Stolz, und strahle deine Kraft in die Welt hinaus.

Grundposition

In der Grundposition ruhen die Hände mit den Handtellern wie Schalen nach oben gekehrt in der Höhe der Hüften. Diese Position kannst du immer einnehmen, wenn du eine neue Bewegung übst, bei der du noch nicht bereit bist, deine Arme und Hände mitzubewegen.

Handkreisen

Nimm die oben beschriebene Fingerposition ein und beginne die Hand vom Knöchel aus kreisen zu lassen, wobei sich nur der Unterarm reflexartig mitbewegt. Die Bewegung kannst du steigern, indem du zusätzlich die Finger beugst und streckst. Dieses Beugen und Strecken wird als Geben und Nehmen bezeichnet, wobei das Nehmen die Quelle des Gebens ist und beide in einer reziproken Beziehung zu einander stehen. Das Geben und Nehmen kannst du natürlich auch ohne Kreisen der Hand ausüben. Es ist die meistverwendete Handbewegung in

Foto: Andi Diem

*Weich und doch kraftvoll, zielstrebig und doch ruhig
gleiten die Hände im Tanz.*

diesem Tanz und soll ausdrücken, daß kein Mensch außerhalb des Kreises steht und daß wir alle miteinander verbunden sind im ewigen Wechselspiel.

In manchen afrikanischen Regionen wird ein entgegengenommenes Geschenk dadurch entgolten, daß man jemandem anderen, und zwar nicht unbedingt der Person, von der man das Geschenk bekommen hat, ein Geschenk macht, da man davon ausgeht, daß das Geben an sich von Wichtigkeit ist und der Fluß des Gebens und Nehmens nicht abgebrochen werden darf.

Laß deine Phantasie spielen und erfinde selbst Bewegungen mit der „Geben-und-Nehmen-Bewegung" und dem Handkreisen.

Foto: UNRWA

Der Hohlraum der Hand, die Geste des Gebens und Empfangens, dem Lehrer und Schüler gleich.

Handrücken zur Stirn (vgl. Sonnenkreis, S. 147)

Beim Sonnenkreis wölbt sich der Unterleib und dehnt sich bis zum äußersten, um einen größtmöglichen Kreis zu formen. Du bildest deine eigene große Sonne. Um bei dieser Bewegung trotzdem in deiner Mitte zu bleiben, nimmst du deine Arme und Hände zu Hilfe. Der linke Arm wird ausgestreckt, während der rechte mit dem Handrücken auf der Stirn ruht. So übst du, auch in Extrembewegungen deine Mitte zu halten.

Es wird gesagt, daß der Mensch die meiste Zeit seines Lebens im Schlaf verbringt. Er ist zwar wach, aber doch schlafend, seiner selbst nicht bewußt. Es gibt einen kleinen Trick, wie man Wachsamkeit üben kann. Drücke den Zeigefinger und den Daumen aufeinander, so fest du kannst, und dann gehe deinen üblichen Tätigkeiten nach. So lange deine Finger fest aufeinander gedrückt sind, bist du aufmerksam. Nach einer Weile – zu Beginn vielleicht nach ein paar Minuten – wird der Druck unbewußt nachlassen und dein „Im-Moment-Sein" vergehen. Doch je länger du übst, desto kürzer werden die Abstände zwischen deinem Wach- und Schlafzustand. Körper und Geist sind genial, sie werden dich austricksen wollen, um wieder in ihren gewohnten bequemen Zustand zurückzufallen. Der Körper wird dir helfen, die Fingermuskeln ohne den gewünschten Wachzustand aneinander zu drücken. Wenn dir dies auffällt, mußt du dir eine andere Spannungsübung ausdenken, indem du zum Beispiel die Aufmerksamkeitsspannung auf den Armmuskel verlagerst.

Wachsamkeit beginnt mit Selbstbeobachtung, mit der Beobachtungsgabe schlechthin, die Auseinandersetzung mit sich selbst folgt dem.

Brust:

Der Hauch des Göttlichen liegt in deiner Brust

Im Vergleich zum Schoß bildet die Brust den oberen Teil des Körpers. Die Brust und der Busen sind Symbol des Gebens, des Nährens, von Körperwärme, Barmherzigkeit und Liebe. Sie sind der deutlichste Ausdruck des Nach-außen-Gebens. Sie geben die erste Nahrung, die ein Kind auf dieser Welt bekommt, und bilden die intimste Verbundenheit zwischen der Mutter und dem Kind außerhalb ihres Körpers.

Es ist eine alte Sitte im Orient, daß eine Frau, wenn sie betet und ein inbrünstiges Anliegen hat, die rechte Brust entblößt und ihre Bitte ausspricht. Sie appelliert damit an die göttliche Barmherzigkeit und sagt: „Bei meiner rechten Brust und meinem traurigen Herzen bitte ich ...!" Ein arabischer Spruch sagt: „Männer haben keine Barmherzigkeit, da sie keine Milch in den Brüsten tragen!"

Wenn früher eine orientalische Beduinin ein Kind adoptieren wollte, legte sie es an die Brust und sprach folgende Worte: „Du bist nun mein Kind durch das Buch Gottes, denn du hast an meiner Brust gesaugt. Ein Kind wie jedes meiner leibhaftigen Kinder." Diese Geste wurde auch ausgeführt, wenn es sich um die Adoption eines Erwachsenen handelte.

Nach dem islamischen Gesetz sind Kinder, die von der selben Frau gestillt wurden, Geschwister, und eine Heirat zwischen ihnen steht, wie bei leibhaftigen Geschwistern, unter Tabu.

Die Atmung spielt bei all den folgenden Bewegungen eine besonders wichtige Rolle. Die Lunge ist das einzige innere Organ, das wir willentlich steuern können. Alle anderen Körperfunktionen entziehen sich unserem Bewußtsein. Durch die willentliche Kontrolle der Lungen beim Ein- und Ausatmen können wir die Kontrolle so weit aus-

Vertrauen ist die Mutter des Öffnens.

dehnen, daß durch sie auch die anderen Organe beeinflußbar werden. Die Sensibilität für die organische Verbundenheit einzelner Organe wird durch den Körper- und Atemrhythmus, die untrennbar miteinander verbunden sind, erhöht. Der Atem ist Ausdruck der jeweiligen Spannung und des seelischen Zustandes, in denen die Bewegung verläuft. Wenn ein Mensch zum Beispiel Angst hat, so hält er den Atem

An meiner Brust wächst du zum Menschen.

an, was eine jähe Störung in den Gegenden des Herzens und des Zwerchfells verursacht. Es wird als ein Gefühl beschrieben, als ob einem das Herz aus dem Leibe fiele, oder als ein Gefühl der Kälte unmittelbar unter dem Brustbein. Tiefes Einatmen, sich zurückzulehnen, also den Streckmuskeln wieder ihren Raum zu geben, kann helfen, sich aus dem verkrampften, zusammengezogenen Angstzustand langsam wieder zu lösen. So ist der Mensch fähig, sich durch Atemübungen wieder in die innere Balance zu bringen.

In der Brusthöhle liegen die beiden Hauptorgane Lunge und Herz. Erreichen wir eine Kontrolle über die Atmung, können wir den Geist beruhigen, das Herz und den Solarplexus öffnen und besänftigen.

In der Anatomie wird der rechte Lungenflügel in drei Segmente unterteilt, während der linke Lungenflügel nur zwei größere Lappen hat. Beide Lungenflügel werden durch drei verschiedene Muskelgruppen angeregt.

Übungen

Folgende Übungen aktivieren alle Segmente:
Der oberste Teil der Lunge wird durch die Nackenmuskulatur aktiviert. Grundposition. Verteile dein Gewicht auf beide Beine. Das Kinn liegt auf der Brust. Bewege nun den Kopf einmal nach links und einmal nach rechts, in einer Art Pendelbewegung.

Der mittlere Teil der Lunge wird durch den großen Brustmuskel aktiviert, also durch die Verschiebung des Brustkorbes, einmal nach links und einmal nach rechts.

Der untere Teil wird durch das Zwerchfell aktiviert, und zwar durch das An- und Entspannen des Zwerchfellmuskels. Diese Bewegung wird mit der Zeit so schnell und locker ausgeführt, daß es zu einer Vibration beziehungsweise zum Flattern des ganzen Brustkorbes kommt.

Alle diese Bewegungen sind im Bauchtanz integriert und bestätigen die Weisheit, die hinter diesem uralten Tanz steckt.

Die folgende Bewegung aktiviert alle drei Muskelgruppen, die den drei Lungensegmenten zugeordnet sind und einen langen, intensiven Atem erzeugen:

Grundposition. Falte die Hände vor dir in der Höhe des Unterleibes. Hebe nun die gefalteten Hände über den Kopf und laß sie langsam hinter dem Kopf auf den oberen Rücken zurückgleiten. Presse nun die Hände zusammen und drücke sie hinunter gegen den Rücken. Dann bringe sie wieder langsam in die Ausgangsposition zurück.[42] Wiederhole diese Übung dreimal. Einen neuen Tag mit dieser Übung zu beginnen, wirkt auf den gesamten Organismus reinigend und anregend.

Der Brustkorb bildet eine Einheit mit den Armen, die wir ohne Schlüsselbein und Schulterblatt, die wiederum mit dem Brustkorb verbunden sind, nicht bewegen können. Daher ist es empfehlenswert, bei allen folgenden Bewegungen die Arme in Schulterhöhe auszustrecken und zwischen den Händen so viel Weite und Raum wie möglich zu schaffen.

Wenn du tanzt, wenn dein Becken fliegt und dein Bauch vibriert, wenn die Oberschenkel zittern und das Zwerchfell flattert, dann vergiß das Einatmen; es geschieht von selbst und ist die natürliche Antwort auf das Ausatmen. Atme ganz aus, mach dich leer, und das Einatmen wird sich von selbst vollziehen und dich erfüllen.

Brustkorb-Verschieben

Nimm die Grundstellung ein. Verteile dein Gewicht auf beide Beine. Nun atme tief ein und hebe den Brustkorb hoch. Schiebe den Brustkorb langsam nach links und atme aus, senke ihn wieder. Dann atme wieder ein und hebe den Brustkorb wieder und komm in die Mitte zurück, atme aus, der Brustkorb senkt sich. Wenn du in der Mitte bist, hebe alsdann wieder den Brustkorb, indem du tief einatmest, und verschiebe ihn dieses Mal nach rechts. Komm dann wieder, wie vorhin, in die Mitte zurück. Jetzt hast du einen ganzen Zyklus beendet.

Schultern und Hüften blicken bei dieser Bewegung stets nach vor, der Brustkorb bewegt sich isoliert von den Hüften und Schultern.

Diese Bewegung wirkt vor allem während der Schwangerschaft sehr entspannend, wenn der Kopf des Kindes auf das Zwerchfell drückt. Sie sollte allerdings nur bis zum siebenten Monat ausgeführt werden. Nach dieser Zeit ist das Baby schon zu groß und hat für solche Bewegungen zu wenig Spielraum im Bauch.

Brustkorb-Kreisen

Stelle dir bei dieser Bewegung vier Punkte auf einem um dich gezogenen Kreis vor: vorne links, vorne rechts, hinten rechts, hinten links. Nimm die Grundposition in der Mitte ein. Verwende dieselbe Technik wie vorhin, indem du durch tiefes Einatmen den Brustkorb hebst, und verschiebe ihn diesmal nach vorne links, ausatmen, dann atme wieder ein und wandere weiter nach vorne rechts, ausatmen. Hebe wiederum den Brustkorb und verschiebe ihn nach hinten rechts, ausatmen. Atme wieder ein und verschiebe ihn nun nach hinten links, ausatmen. Atme wieder ein und verschiebe ihn wieder nach vorne links, ausatmen. Gleite in deine Mitte zurück.

Brustkorb-Welle

Die Welle wird am leichtesten ausgeführt, wenn du dir dabei ein Zifferblatt vorstellst, an dem du mit deinem Brustkorb entlangwanderst. Lege deinen Daumenballen auf die Hüftknochen, beuge ein wenig die Knie. Beginne, indem du tief einatmest, den Brustkorb in Richtung zwölf Uhr zu verschieben, wandere dann weiter, ein Uhr, zwei Uhr, drei Uhr und so weiter, bis du wieder bei zwölf Uhr angelangt bist, dann kehre in die Grundposition zurück.

Alle diese Brustkorb-Bewegungen tragen viel zur Flexibilität des Rumpfes bei und regen die Körperintelligenz an. Die Körperbeherrschung wird gefördert und du wirst mit Teilen und Muskeln deines Körpers konfrontiert, die du bis jetzt höchstwahrscheinlich noch nie bewußt erlebt hast.

Schulter:

Stolz auf den Schultern ruht die Demut

Die Schultern drücken am klarsten unsere Stimmung aus. Wenn wir traurig oder deprimiert sind, fallen die Schultern zusammen, wenn wir uns wohlfühlen und es uns gut geht, öffnen sie sich automatisch, und die Brust wird mit Freude gefüllt. Schon in der Sprache heißt es: „Eine Last auf den Schultern tragen", und wenn wir Druck verspüren, so zeigt er sich visuell in der Haltung unserer Schultern. Deswegen ist es wichtig, die Schultern zu stärken und ihnen genügend Aufmerksamkeit zu widmen. Der Körper weiß meistens besser Bescheid um unseren inneren Zustand als unser Verstand; wenn wir also unseren Körper stärken, tragen wir auch unseren „Zustand" besser und geben uns so mehr Möglichkeit und Raum, uns selbst näherzukommen.

Schließe deine Augen, verwurzle dich mit deinen Füßen im Boden und wende deine Augen nach innen. Lege deine Hände auf deinen Bauch, sodaß die Daumen auf deinem Nabel ruhen und der Rest der Hand darunter. Atme tief ein und fülle deinen Bauch mit deinem Atem aus, laß ihn zu einem runden, vollen Gefäß werden, das deine Gefühle und Gedanken beinhaltet.

Laß den Bauch die Erde werden, aus der eine Pflanze wächst, die du mit deiner Aufmerksamkeit nährst und die über deine Brust hinauf zu deinen Schultern wächst.

Grün, fest und kraftvoll wächst die innere Pflanze, sie sprießt aus und formt lachend aus jeder Schulter heraus eine Blüte, so schön und farbenfroh, wie nur du es schaffen kannst. Zwei volle Blüten sind deine Schultern jetzt.

Foto: Andi Diem

Gelassenheit ist der Name der Schultern im Tanz ...

Schulter-Spiel

Schließe für einen Moment die Augen und entspanne dich. Verteile dein Gewicht auf beide Beine. Konzentriere deine Aufmerksamkeit auf die Schultern und streife mit deinem inneren Auge über sie. Lege jetzt deine ganze Aufmerksamkeit auf deine rechte Schulter. Halte die Au-

... und Zuversicht der Name der Schultern beim Kind.

gen geschlossen und hebe nun die Schulter langsam ein wenig nach oben, um sie dann nach hinten zu führen und sie alsdann wieder in die Ausgangsposition zurückzubringen. Mach es langsam und behutsam. Lege deine ganze Persönlichkeit in diese Bewegung.

Jetzt intensiviere diese Bewegung noch ein weiteres Mal, indem du die Schultern einen Schritt nach hinten führst. Stelle dir dabei drei

Stationen vor, die du mit den Schultern einnehmen möchtest: vorne, Mitte, hinten. Einmal nach hinten und dann wieder zurück.

Die Reihenfolge geht dann folgendermaßen: Du hebst die Schultern, führst sie nach hinten und läßt sie fallen, dann hebst du sie wieder, führst sie noch weiter nach hinten und läßt sie fallen, und dann noch ein drittes Mal. Danach wiederholst du dasselbe nach vorne. Suche dir für diese Bewegung entweder eine Partnerin oder stelle dich vor einen Spiegel, um dich selbst zu beobachten.

Schulter-Kreisen

Das Schulter-Kreisen ist eine Steigerung der vorhin beschriebenen Bewegung. Hebe die Schulter in hohem Bogen so weit wie möglich nach hinten. Laß die Schultern dann wieder in die Ausgangsposition zurückfallen. Achte darauf, daß dein Brustkorb offen bleibt, daß dein Nakken entspannt ist und du die Schultern isoliert bewegst.

Verlagere jetzt dein Gewicht auf das linke Bein, lehne deinen Oberkörper ein wenig nach hinten und strecke das rechte Bein nach vor, sodaß du mit deinem ganzen Körper eine Linie formst. Somit verschaffst du deinem Oberkörper den größtmöglichen Freiraum, die Schultern können sich voll in der Bewegung entfalten.

Die beiden oben beschriebenen Schulterbewegungen machen besonderen Spaß, wenn du sie als Lockmittel verwendest. Suche dir eine Partnerin aus oder stelle dich vor einen Spiegel und verwende die Schultern so, daß du deine Partnerin – oder dich selbst – aus der Reserve lockst. Senke dabei deinen Kopf ein wenig und blicke dein anvisiertes „Opfer" mit brechenden Augen an. Lege die ganze Kraft deiner Persönlichkeit in deinen vollen Blick und locke mit deiner Schulter – auf unwiderstehliche Art.

Schulter-Shimmy

Grundposition, also die Knie beugen und die Hände in Hüfthöhe bringen. Die Schultern abwechselnd vor und zurück bewegen. Es ist eine kleine Bewegung, jeweils nicht mehr als einige Zentimeter. Diese Bewegung wird in der Folge immer schneller, bis es zum Zittern, zum

Vibrieren kommt. Viele Frauen empfinden den Schulter-Shimmy oder das isolierte Zittern der Schultern als besonders schwierig. Doch das wichtigste bei dieser Form ist, loszulassen, sich dem schnellen Rhythmus der Musik hinzugeben, sich zu entspannen und sich keinem Leistungsstreß auszuliefern. Nimm dir also so viel Zeit, wie du brauchst, ohne Zwang und ohne falsche Vorstellungen. Der Schulter-Shimmy ist eine der gesündesten Bewegungen im Bauchtanz. Zwischen den Schulterblättern verlaufen nämlich die Dünndarmmeridiane, die wiederum mit den Eierstöcken verbunden sind. Wenn du also deinen Oberkörper zum Vibrieren bringst, durch das Zittern die Muskeln lockerst, erwärmst du deinen Körper und verwandelst Kälte und Starre in Wärme und Lebendigkeit.

Ängste, Identitätskrisen und emotionelle Sorgen haben ihren Sitz entweder im Schulterbereich oder im Unterleib; dort sind es vor allem Ängste sexueller Natur. Durch diese Bewegung holst du dir selbst die Kraft und den Mut, diese Ängste in Freude und Lebenslust zu verwandeln. Deine Lippen werden weich, Lachen wird dein Gesicht umschmeicheln: „Ich bin hier, ich lebe, ich fühle mich jung und voller Kraft. Ich bin zuversichtlich und voll zitternder Lebenslust!" Das ist der Sinn dieser Bewegung.

Hüften:

Wenn deine Hüften kreisen, schwingt das ganze Universum mit

Hüften, zwei Schalenwände, deren Inhalt das Becken ist. Wie geschmeidig deine Hüften durch diesen Tanz werden! Die Hüftbewegungen erfordern weniger Anstrengung als andere Bewegungen im Bauchtanz. Wichtig ist, daß die Knie gebeugt sind, der Kopf hochgehalten, der Brustraum geweitet und offen, sodaß das Herz genug Freiraum hat.

Hüftschwung

Verlagere dein Gewicht auf dein linkes Bein und setze das rechte Bein auf dem Fußballen einen Schritt davor. Die Hüfte hat jetzt genug Raum, um sich frei zu bewegen. Wirf nun die Hüfte in die Höhe. Der Fußballen bleibt dabei in Kontakt mit dem Boden, der Oberkörper ist ruhig. Wiederhole diese Bewegung einige Male, dann versuche es mit der anderen Hüfte. Die Kraft des Hochstoßens kommt nur aus der Hüfte! Der ganze Unterleib wird seitlich vorwärts geschwungen. Hast du das Gefühl, die Bewegung ohne Anstrengung ausführen zu können, also ohne Schultern und Hals zu verspannen und ohne daß dein Atem stockt, dann machst du es richtig. Du wirfst die Hüfte mit Schwung nach außen und bleibst trotzdem in dir. Du gibst die Energie in deinen Hüften an den äußeren Raum weiter, sie wandert von den Hüften aus und erfüllt den Raum, unsichtbar und dennoch spürbar, mit deiner Kraft, mit deinem inneren Impuls. Du gibst deiner Kraft eine Form, dein Gesicht, wirbelst alles um dich auf und nimmst es ein.

Den Hüftschwung kannst du auch im Drehen um dich selbst ausführen. Dabei verwendest du den vorderen Fuß wie einen Zirkel. Die Armhaltung ist seitlich-oben (vgl. S. 119).

Hüftdrop

Im Gegensatz zum Hüftschwung mit seiner nach oben gerichteten Bewegung ist der Akzent der Bewegung im Hüftdrop nach unten gerichtet. Du führst die Bewegung nach unten aus, als ob du dich auf einen unsichtbaren Stuhl setzen wolltest und im letzten Moment deine Meinung änderst und wieder aufstehst. Du gehst in die Knie, gehst hinunter, doch du ruhst in dir und holst auch hier deinen Halt, deine Kraft aus dir selbst. Egal wie tief du sinkst, du vergißt nicht, wer du bist. Gelassenheit umgibt deine Stirn, denn du weißt, daß die Demut die Schwester des Stolzes ist.

Hüftwippen

Stelle dir ein imaginäres Kind vor, das auf deiner rechten Hüfte sitzt. Nun setze dieses imaginäre Kind auf die andere Hüfte. Übe, bis du das Gefühl hast, daß dein Kind dabei einschlafen könnte, bis die Bewegung, einer Welle gleich, auch dich mitreißt und du selbst zum gewiegten Kind wirst.

Hüftstoß

Grundposition. Du ruhst in deiner Mitte. Jetzt führst du den rechten Hüftknochen nach vorne, wobei der linke Hüftknochen automatisch nach hinten geht. Bringe abwechselnd den rechten und den linken Hüftknochen nach vor, als ob du mit deinem Hüftknochen einen Ball wegstoßen möchtest. Halte zwischen diesen Bewegungen immer ein wenig in der Grundposition inne. Also: Linken Hüftknochen nach vor, Grundposition, rechten Hüftknochen vorstoßen, Grundposition ... Zeig deine Kraft und Selbstsicherheit durch diese Bewegung! Je wilder nach außen, desto nüchterner und ruhiger bist du innerlich. Laß alle die Körperspannungen, die einschränkenden Körpergesetze, die Disziplinierungen, die man dir beziehungsweise die du dir selbst aufgezwungen hast, herausströmen und verliere dich im schwungvollen Moment deines Tanzes.

Die rechte und linke Hüfte in irrsinnig schnellem Tempo diagonal nach vorne stoßen, dies bringt dich zum Hüft-Shimmy.

Durch die Kraft in deinen Hüften schwingt der Raum ...

Hüft-Shimmy

Wie bei jeder Bauchtanzbewegung muß eine Muskelgruppe isoliert werden; beim Hüft-Shimmy betrifft das den unteren Rücken und das Gesäß. Oberhalb der Taille bleibt der Körper regungslos, während die Muskeln in dieser Gegend zucken. Eine erfahrene Tänzerin schüttelt

... das Kind ruht sicher auf ihnen.

beim Shimmy den gesamten Rumpf. Der Hüft-Shimmy kann entweder, wie vorhin beschrieben, beim abwechselnden Vorstoßen der Hüfte entstehen oder aus dem abwechselnden Vor- und Zurück-Vibrieren der Knie. Beginne diese Bewegung langsam und mit Geduld. Eile ist hier nicht angebracht. Es wird dir sicher gelingen! Manchmal von einem Augenblick zum anderen, manchmal etwas länger. Hör auf die

Trommel, nimm die Schwingungen auf und laß los. Gib dem Drang deiner Muskeln nach und jauchze auf.

Und die Arme? Die Arme bewegen sich sanft, schlangenähnlich, ein ganz anderes Tempo bestimmt sie. Der Kopf ruht königlich, die Augen funkeln, die Lippen sind weich, der Kiefer ist entspannt, und die Schultern ruhen gelassen.

Worin liegt der Sinn dieser Aufspaltung des Körpers in raum-zeitlich verschiedene Bewegungen? Die verschiedenen Geschwindigkeiten, mit denen dein Körper spielt, die mannigfaltigen Zentren, mit denen du abwechselnd und gemeinsam tanzt, setzen deine rationalen Gedankenabläufe außer Kraft und machen Platz für innere Impulse, für deine Kraft aus dem Bauch. Der Verstand wird umschleiert, sodaß das Ur-Weib siegt. Das Mannigfaltige, das Verschiedene wird zum Einen, die Einzelteile verschmelzen zum Ganzen. Die Ängste, die sich in deinen Hüften, im Bauch und im Gesäß festgesetzt haben, zerfließen im Feuer deiner Lebenslust und verwandeln sich in Freude und unbändige Energie. Die Wirbelsäule wird geschmeidig, und die einzelnen Wirbel pendeln sich ein. Das ist der Sinn.

Achter oder Unendlichkeitsschleife

Male dir in Gedanken eine Acht auf den Boden. Dann stelle dich direkt über das Kreuz, den rechten Fuß in der einen Schleife, den linken in der anderen. Nun zeichne mit den Hüften die Schleife nach. Dreh die rechte Hüfte nach hinten (dabei dreht sich die linke automatisch nach vorne) und folge der Schleife. Über dem Kreuz gibst du die Bewegung an die linke Hüfte weiter, indem du sie nach hinten schiebst und mit einer Bewegung nach vorne der Schleife folgst.

Im Achter zeigt sich die tiefe Philosophie, die hinter dem Bauchtanz steht. Er beinhaltet die Gerade und den Kreis. Die Gerade, eine Strecke zwischen zwei Punkten, auf der du vor und zurück gehen kannst, zielstrebig, geradlinig, in die Zukunft und zurück in die Vergangenheit. Der Kreis hingegen, ohne Anfang und Ende, in sich abgeschlossen, vollkommen, ohne Wechselspiel.

Geh jetzt eine Strecke; und am Ende, bevor du an der Wand anstößt, wende dich um deine Achse ganz nach links, sodaß du schräg auf die andere Wand zugehst. Wenn du ankommst, wende dich um deine Achse ganz nach rechts, sodaß du wiederum schräg auf die andere Wand zugehst. Durch die Wende um deine eigene Achse hast du beide Formen vereint.

Der Kreis und die Gerade sind gegeben, doch der Achter, die Einbettung in die Unendlichkeit, ist von dir. Ist der Achter nicht zum mathematischen Symbol für Unendlichkeit geworden? Durch die Vereinigung von beiden, durch die Zweiheit gelangst du zur Unendlichkeit und bettest sie in der Einheit ein. Aus der Polarität und deren Vereinigung, aus dem Entstehen von Innen und Außen formt sich das Bewußt-Sein.[43] Achte dabei auch auf die Arm- und Handbewegung (siehe S. 118), die diese Form vervollkommnet. Mit deinen Armbewegungen zeigst du die Endlichkeit, das Diesseits auf und mit dem Becken die Unendlichkeit. So formst du durch diese Bewegung die Welten, in denen der Mensch erscheint, und bettest dich in die Philosophie ein, die besagt: „Lebe und handle auf Erden, im Diesseits, als ob du ewig lebst, lebe und bereite dich für das Jenseits vor, als ob du jeden Augenblick Abschied nehmen würdest." Mit dem Achter, dem Symbol der Unendlichkeit, überwindest du die scheinbar ewige Mauer zwischen den Welten und kommst dem Wesentlichen näher.

Der Achter hat viele Gesichter. Du kannst die Bewegung flach und schmal machen oder hoch und rund, du kannst sie mit gebeugten Knien formen oder mit durchgestreckten, wobei du dabei die Fersen bei jeder Schleife mithebst. Die verschiedenen Formen sind dir überlassen und den Stimmungen, denen du Ausdruck verleihst.

Achter mit Doppelkreis

Stelle dir wiederum einen Achter am Boden vor, doch diesmal befinden sich am Kreuz noch zwei zusätzliche Kreise. Beginne rechts mit der rechten Hüfte auszuschweifen und den äußeren Kreis zu formen, indem du sie von hinten herum entlang des äußeren Kreises nach vorne führst, dann formst du den vorderen Kreis und gibst die Bewegung der linken Hüfte weiter, indem du sie nach vorne schiebst und den äußeren Kreis weiterführst, um dann hinten den zweiten Kreis zu formen. Jetzt gibst du die Bewegung wieder an die rechte Hüfte weiter und so fort. Die zwei inneren Kreise bilden einen Achter, der jeweils aus zwei unabhängigen Kreisen besteht, die räumlich scheinbar nicht verbunden sind. Diese ausschweifende Bewegung verlangt das ganze Volumen deines Körpers, um voll und erdig zu wirken. Sie verlangt starke Erdverbundenheit mit den Füßen und ein tiefes Ur-Lachen, um wirklich zu gelingen. Die Große Mutter tanzt ...

Es klingt schwieriger, als es in Wirklichkeit ist. Versuche es erst in Gedanken, dann laß dich durch deine Hüften führen. Die Bewegung macht nicht nur großen Spaß, sie ist auch besonders gut gegen Verspannungen im Kreuz (vor allem während der Menstruation) und gegen Kopfschmerzen, da alle Reflexzonen auf beiden Seiten der Wirbelsäule für Blase, Niere, Dünndarm, Milz, Herz und Lunge angeregt und stimuliert werden und die Hüften sowie das Becken ihre Bewegungsvielfalt ausspielen können.

Becken:

Im Becken harrt die Schlange der Spontaneität

Das Rückgrat wird vom Becken getragen. Der Kopf sitzt obenauf. Alles, was den Rumpf sonst ausmacht, hängt an der Wirbelsäule oder an den Rippen, die ihrerseits an der Wirbelsäule hängen. Das Becken trägt also das alles. Je freier es sich bewegen kann, je besser du deine Beckengelenke kontrollieren kannst, desto kraftvoller und spontaner ist der Körper. Das Becken loszulassen und die Hüften zu schütteln, berührt tiefe sexuelle Tabus. Doch für das Becken gibt es keine erlaubten oder verbotenen Bewegungen, es gibt nur Starrheit oder Flexibilität. Das Becken ist potentiell eine Quelle intensiven Fühlens und großer Kraft. Nicht nur das, die Beckengegend ist der Grundstein aller Bewegungen und somit Grundlage des Lebens. Das Becken trägt die Genitalien; es muß frei von Zwang und Starre sein, muß sich buchstäblich nach allen Richtungen bewegen können und sich um den Schwerpunkt des Körpers drehen wie eine Kugel um ihren Mittelpunkt.[44] Denn sein Mittelpunkt ist der Mittelpunkt aller Handlungen. Zwanghaftes Festhalten des Beckens und Beeinträchtigung seiner Beweglichkeit – bedingt durch kulturelle Tabus oder emotionelle Hemmungen – führt zur Starrheit im Kreuzbereich und somit zur Versteifung der Körperregion, in der sich alle Belastungen und Spannungen des Körpers kreuzen.

Die Verspannungen in unserem Körper entsprechen Spannungen in unserem Inneren. Die Wurzeln liegen in unterdrückten Gefühlen und ungelösten Konflikten. Keine körperliche Übung kann die Ursache solcher Konflikte oder Neurosen lösen. Doch die Bewegungen können dir helfen, deine körperlichen Spannungen zu erfahren und aus dem ewigen Kreis des Denkens auszubrechen. Das allein ist schon

Voll ist das Becken, fest der Stand im Fluß des Tanzes.

ein wichtiger Schritt. Wenn du dich mit dem auseinandersetzt, was in dir steif und unbeweglich ist, mit allem, was „Nein" sagt, werden Gefühle frei, und der Körper kann sich lösen. Die Heilung beginnt.

Im Tanz ist die Trommel die Schwester des Beckens. Sie gibt den Rhythmus an, der das Becken herausfordert und aus seiner Reserve

Voll ist mein Becken, ruhig der Gang im Strom der Zeit.

lockt. Sie treibt es immer wieder an und setzt dadurch den Körper in Bewegung, während die Melodie den restlichen Körper inspiriert und eine Landschaft darum entstehen läßt.

Beobachte dich bei deinen Tätigkeiten im Alltag: beim Schreiben, beim Kochen, beim Waschen oder Tippen, beim Staubsaugen oder

Aufräumen. Wenn du das Gefühl hast, daß dein Gesicht verspannt ist, deine Augen sich schwer anfühlen und die Augenbrauen zusammengezogen sind, die Schultern schmerzen, dein Kiefermuskel gespannt ist und die Zähne zusammengepreßt sind, dann kreise mit dem Becken, suche den Mittelpunkt im Becken und balanciere dich darauf ein. Bald wird ein Lächeln deinen Mund umschmeicheln, der Atem findet wieder seinen Rhythmus, die Gesichtsmuskulatur entspannt sich, und die Schultern bekommen wieder ihre eigentliche Aufgabe. Halte dir immer vor Augen, daß die Bewegungen von denjenigen Muskeln getragen werden sollen, die den Rumpf bewegen können. Dies sind nämlich die stärksten Muskeln im Körper.

Jede Handlung, die man als leicht empfindet, ist eine, die im richtigen Verhältnis ausgeführt wurde. Spiele also mit deinem Becken, gib ihm die Möglichkeit, dich leichtfüßig zu machen, dir zu helfen, setze es ein, experimentiere damit. Dein ganzes Leben kann sich dadurch verändern. Spontaneität, Lebensfreude, Zuversicht, ein intensiveres Liebesleben und ein größerer Freundeskreis können dadurch entstehen. Versuche es!

Im Bauchtanz gibt es eine große Variationsbreite an Kreisbewegungen. Der Kreis ist die vollkommenste Bewegung. Das große Runde kennt keinen Anfang und kein Ende, keine Sehnsucht und keine Trennung, es ist das Allumfassende, alles Aufnehmende, das Symbol der großen Mutter. Die große Kugel, die Erde, spiegelt sich in dir wider, wenn du mit deinem Becken kreist. Deine Kraft liegt geballt, fest und stabil in deinem Nabel. Plötzlich ein Impuls, eine Schwingung, und das Becken gibt nach, es beginnt sich langsam zu bewegen, gibt der runden, vollen Kraft eine Form und kreist, erst leise und behutsam, die Geburt einer Intuition, dann atmen die Hüften auf. Der Kreis wird größer, sicherer, mutiger, und die Sehnsucht erwacht. Deine Kraftquelle wächst über die Grenzen des Körpers hinaus, die Haut wird poröser, und du nimmst den Raum, in dem du bist, ganz ein. Es drängt dich weiter, über den Raum hinaus, die Hüften kreisen und nehmen die Umgebung auf, die Bäume, die Häuser, die Straßen, über die Stadt hinaus, über die Berge, die Felder, die Wälder, hin zu den Flüssen und Meeren, die Lippen fühlen sich salzig an, weiter über die Steppen und Wüsten, du dehnst dich aus über die ganze Kugel und immer weiter zu den Sternen, ins All, ins Universum hinaus. Grenzenlos, endlos ...

Und wieder ruft der Impuls. Langsam zieht sich der Kreis, die Kraftquelle zusammen, aus der Weite in den konzentrierten Mittelpunkt zurück, über die Landschaften, die Berge, die Stadt, zurück in den Raum, in dem du stehst, in deinen Körper, in deinen Bauch, zurück in den geballten Punkt namens Nabel. Und deine Daumen, mit den Händen darunter, ruhen darauf.

Der Mondkreis

Grundstellung einnehmen. Beschreibe mit deinen Hüften einen kleinen, vollen Kreis. Die Bewegung kommt nicht aus den Beinen, sondern aus dem Becken. Es wird durch den Gesäßmuskel und die Muskeln der Oberschenkel bewegt. Nimm dir Zeit für diese Bewegung. Sie bildet die Basis, die Essenz. Durch sie kannst du deine Hüften und dein Becken immer wieder entspannen und dich zentrieren. Das Kreisen mit dem Becken ist ein langsames Hinabsteigen in dich selbst.

Die Arme kannst du entweder in der Grundposition halten, oder du öffnest sie, als ob du einen dicken Baumstamm umarmst.

Sterne setzen auf den Mondkreis

Du formst wiederum einen Kreis mit deinen Hüften, wobei du jetzt zusätzlich das Becken hebst und senkst, so als ob du Pünktchen auf deinen Kreis setzt. Es sind also zwei Bewegungen gleichzeitig, die du ausführst.

Der Sonnenkreis

Bei diesem Kreis wölbst du dein Becken entlang eines größtmöglichen Kreises, dabei drückst du das Becken nach vorne, den Oberkörper lehnst du nach hinten. Indem du den linken Handrücken an die Stirn legst und den rechten Arm ausstreckst, hilfst du dir, diesen großen Kreis zu formen und trotzdem in deiner Mitte zu bleiben (vgl. Armhaltung, S. 119).

Der Doppelkreis

Stelle dir zwei getrennte, gleich große, nebeneinander liegende Kreise vor und folge ihnen mit deinem Becken. Beginne mit dem rechten Kreis: Verlagere dein Gewicht auf das rechte Bein und forme nun mit dem Becken einen Kreis gegen den Uhrzeigersinn. Wenn du wieder in der Mitte angelangt bist, verlagere das Gewicht auf das linke Bein und forme erneut einen Kreis, wiederum gegen den Uhrzeigersinn.

Becken-Pendeln

Beim Becken-Pendeln stellen wir die Füße weiter auseinander als sonst und gehen etwas tiefer in die Knie. Die Oberschenkel werden dabei mehr beansprucht, und es ist gut, die Beine immer wieder auszuschütteln, bevor sich die Oberschenkelmuskeln verspannen. Das Becken wird mit den Gesäßmuskeln vor und zurück geführt, der Bauch bleibt dabei ganz locker und entspannt. Es ist eine archaische Bewegung, bei der es wichtig ist, daß du ganz in dir ruhst beziehungsweise sitzt. Stelle dir einen Lichtstrahl vor, der von oben durch deinen Kopf, den Rumpf entlang, zwischen deinen Beinen weiter in den Boden strahlt, ein gerader, klarer Strahl. Öffne deine Schultern, halte deinen Kopf aufrecht und pendle. Mit der Zeit wird dir die Bewegung so leicht fallen, daß du mit deinem Becken dahingaloppieren kannst. Du wirst spüren, wie sich das Becken lockert und wie mit einem „Plopp" den Unterleib öffnet. Die Vagina und der Aftermuskel entspannen sich, und der Kiefer wird weich.

Bauch:

Voll wie der Mond, weich wie die Wolken im Wind

Es gibt keinen anderen Körperteil, über den so viele Halbweisheiten erzählt werden wie über den Bauch und den Unterleib. Manche erklären, er müsse flach und hart sein wie ein Brett, andere wiederum behaupten, er müsse ständig eingezogen werden. Wieder andere sind der Meinung, nein, ganz weich sollte er sein und ohne irgendeine beengende Einschränkung.

Hier ist wohl der Mittelweg angebracht. Der Unterleib wie auch das Herz, die Lungen und die Stimmwerkzeuge hängen an der Wirbelsäule und so auch die Muskeln, die sie tragen. Wenn also die Wirbelsäule und der Kopf richtig gehalten werden, bekommen der Beckenboden, das Zwerchfell, die Kehle sowie die Zunge ihre richtige Spannung. Der Inhalt des Unterleibes, also alles unterhalb des Zwerchfells, braucht nicht absichtlich angespannt zu werden. Denn wenn die Haltung stimmt – und diese kann nur stimmen, wenn sich alle Teile frei bewegen können –, ist eine absichtliche (Ver-)Spannung nicht notwendig und stört den natürlichen Grad der Kontraktion.

Was passiert, wenn der Unterleib angezogen wird?

Der obere Beckenrand wird nach rückwärts geneigt, das Becken wird seiner Flexibilität beraubt sowie das Kreuz überbelastet, da das Becken die Wirbelsäule nicht tragen kann, wie es sollte. Der Fluß der Bewegungen wird unregelmäßig, der Schultergürtel überbelastet und daher verspannt. Wird der Unterleib zusätzlich auch noch hochgezogen, dann stehen die unteren Rippen zu weit vor, der Brustkorb versteift sich, die Atmung wird flach und der Nacken verspannt. Es wäre schade, auf Spontaneität und Anmut zu verzichten und all diese Ver-

Zur Trommel der Weiblichkeit wird der Bauch im Tanz ...

spannungen in Kauf zu nehmen, nur um den gesellschaftlichen Wünschen und Forderungen zu entsprechen, die derzeit das Idealbild eines flachen Bauches propagieren.

Was aber wichtig ist, ist die Stärkung des Beckenbodenmuskels, der eine wichtige Rolle in der Stützung des Unterleibes und dessen

... und im Leben

schweren Inhalts spielt. Diesen Muskel kann man täglich ohne besonderen Zeitaufwand stärken, wenn man zur Toilette geht.

Dies geschieht auf zweierlei Weise. Versuche einmal, den Urinstrahl immer wieder anzuhalten und dann loszulassen. Dann versuche wiederum, den Strahl ganz stark auszustrahlen. Laß ihn also nicht einfach ausfließen, sondern versuche, ihn durch diese Übung unter Kontrolle zu bekommen. So kannst du am einfachsten den Beckenbodenmuskel stärken. Das ist vor allem nach einer Schwangerschaft von Wichtigkeit, da der Beckenbodenmuskel in dieser Zeit besonders stark belastet wurde.

Ältere Frauen klagen oft, daß sie immer wieder ein paar Tropfen Urin verlieren und gezwungen sind, Binden zu tragen; wenn man aber diesen Muskel trainiert, wird dies nie nötig sein. Ist einmal der Beckenbodenmuskel „entdeckt" worden, dann kann man ihn jederzeit trainieren, wenn man an der Bushaltestelle wartet, während einer langen Autofahrt, im Büro oder während des Kochens. Niemand wird es sehen!

Während des Bauchtanzes kannst du immer wieder den Beckenbodenmuskel miteinbeziehen. Beobachte, wie sich das Anziehen dieses Muskels auf deine Bewegungen auswirkt.

Wenn du den Beckenbodenmuskel stärkst, wirst du mit der Zeit die Erfahrung machen, daß sich ein Energiekreis schließt, der sich von deinem Scheitel entlang des Rumpfes bis zum Beckenboden und hinauf entlang der Wirbelsäule bildet – wie ein leuchtendes Ei. Es handelt sich um Energie, die vielleicht bis zu diesem Zeitpunkt unbewußt „ausgeronnen" ist. Sich dieser Energie zu bedienen und sie zu stärken, kann ein verfeinertes Körpergefühl und ein Gespür für die inneren Vorgänge hervorrufen. Selbstvertrauen und innere Zentriertheit, ein wacher, ruhiger Blick, entspannte, kräftige Arme und Hände sind die Folge.

Bauchwelle

Bei der Bauchwelle werden die Kontraktionen des Bauches während der Wehen imitiert. Der ganze Unterleib, beginnend beim Zwerchfell, wird durch diese Bewegung massiert und angeregt. Die kontrahierenden Bewegungen des Bauches versetzen dich in eine tiefe, sanfte Trance, die den ganzen Körper entspannt und sensibilisiert. Durch die isolierten Bewegungen der Ober- und Unterbauchmuskeln werden die inneren Organe massiert und stimuliert. Dies führt zu einer Verbesserung des gesamten Wohlbefindens. Verborgene Sexualängste treten ins Bewußtsein und können gelöst werden. Die Bauchwelle kann in zwei Richtungen ausgeführt werden. Wähle die Richtung, die dir angenehmer ist.

Die erste Variante

Grundposition. Die beiden Daumen ruhen auf dem Nabel, die Hände liegen auf dem unteren Bauch. Drücke den Unterbauch nach außen. Zieh jetzt den unteren Bauch nach oben bis zum Zwerchfell ein, den Muskel zieh nach. Jetzt stoße nur den Zwerchfellmuskel nach außen und laß ihn nach unten rollen, den Unterbauch erneut nach außen und so fort.

Die zweite Variante

Grundposition. Atme tief ein. Drücke den Zwerchfellmuskel isoliert nach außen und laß ihn nach unten rollen, stoße den Unterbauch nach außen. Dann zieh den unteren Bauch so weit wie möglich zurück und stoße das Zwerchfell wieder nach außen und so fort.

Wenn du die Bauchwelle im Stehen gut beherrschst, versuche sie auch im Gehen oder im Liegen.

Am intensivsten ist die Bauchwelle, wenn sie in einem Kreis mit anderen Frauen getanzt wird. Die Musik, die dabei verwendet wird, wird vor allem von der Trommel beherrscht, da dieses Instrument am direktesten auf das Bewußtsein wirkt. Jeder Schlag wird vom Bauch wie ein Impuls aufgenommen. Der Bauch selbst verwandelt sich mit jeder Rolle zum Ausdruck deiner selbst.

Durch die Bauchwelle kann eine sanfte, tiefe Meditation erzielt werden.

Bauchflattern

Das Zwerchfell steht bei dieser Bewegung im Mittelpunkt. Es gibt zweierlei Möglichkeiten, wie du diese Bewegung zu Beginn unterstützen kannst. Entweder du hältst den Mund offen und hechelst, oder du hältst den Atem an. Zieh den Zwerchfellmuskel an und stoße ihn dann nach außen. Beginne erst langsam und werde dann immer schneller, bis du zum Vibrieren beziehungsweise Flattern kommst.

Den Zwerchfellmuskel entdeckst du am besten, wenn du den Bauch entspannst und ein tiefes Geräusch von dir gibst, etwa „ah!" oder „ha!" Beim Brüllen wird Luft aus den Lungen ausgestoßen; das führt automatisch zu einer kräftigen Kontraktion des Zwerchfellmuskels. Übe, bis du diesen Muskel willentlich einsetzen kannst.

Beine:

Die Säulen des Tempels

*Feste, stämmige Beine wünsche ich mir,
die mich tragen durch die Hügel und Täler.*

Die meisten von uns sind mit ihren Beinen nicht zufrieden, sie sind unserer Meinung nach entweder zu kurz, zu dick oder zu dünn.

Tatsächlich aber liegt die Schönheit der Beine viel mehr in ihrer Gelenkigkeit und in ihrem Bewegungsausdruck begründet als in ihrer optischen Form. Die Kniegelenke steuern die Bewegungen der Unterschenkel beziehungsweise geben sie nach, wenn das Hüftgewicht von oben her auf sie einwirkt. Je weicher die Hüftgelenke, desto variationsreicher die Bewegungen der Knie und desto schöner die Form der Beine.

Setz dich auf den Boden und strecke deine Beine vor dir aus. Beobachte sie, laß deinen Blick über die Unterschenkel und die Knie entlang bis zu den Oberschenkeln wandern.

Sieh dir alle die sogenannten „Schwächen" an, die dich an deinen Beinen stören – das schwache Bindegewebe, die unerwünschten Besenreißer oder Krampfadern, die unbegehrten Formen und die Zellulitis.

Streife mit sanftem Blick und Gelassenheit über deine Beine und laß sie dir deine Geschichte erzählen. Denn jedes dieser Bilder – wie die Falten der Mimik in deinem Gesicht – trägt deine Erfahrungen, deine persönliche Lebensgeschichte, deine Seelenverfassung in sich. Akzeptiere das, was dir häßlich erscheint, als sinnvoll und laß dich nicht von den allgemein gängigen Schönheitsvorstellungen niederschmettern.

aus: Neumann 1974, Bildteil, S. 26

Die Säulen der Tänzerin ...

Zieh deine Beine zur Brust und umarme sie so, wie du einen geliebten Menschen umarmst. Liebe und Aufmerksamkeit sind zwei Dinge, die die ganze Welt tragen können.

Durch den Bauchtanz und seine Bewegungen kannst du deinen Beinen, deinen Ober- und Unterschenkeln, deinen Knie- und Fußge-

... und des Tempels

lenken die nötige Aufmerksamkeit schenken, die sie straffen und stärken wird. Vor allem die Oberschenkel werden durch den Bauchtanz mit seinem Beckenspiel endlich die Aufgabe bekommen, die ihnen zusteht. Und du kannst dessen ganz sicher sein – sie werden es dir danken.

Die Beine sind die Säulen, die deinen Körper tragen und dich dorthin bringen, wohin dein Geist es wünscht. Verwöhne sie, indem du darauf achtest, was du an Nahrung zu dir nimmst.

Füße:

Halte meine Füße, oh Mutter, und gib mir Kraft

Das Geheimnis einer guten Haltung sind die Füße. Auf einer guten Grundlage findet der ganze Körper seinen Platz, und die Seele kann sich harmonisch entfalten.
B. K. S. Iyengar

Die Füße sind deine Verbindung zum Boden, zur Erde. Wenn beide Fußsohlen am Boden aufliegen und du dein Gewicht auf beide gleichmäßig verteilst, ruhst du in dir, in deiner Mitte. Mit jedem Schritt wiederholst du immer wieder den Kontakt und die Verbindung mit der Erde, mit der Materie, der „mater", der Mutter. Jedesmal, wenn du auftrittst, massierst du alle deine Organe, denn jedes Organ ist in einem Teil des Fußes vertreten. Daher ist es wichtig, barfuß zu gehen, so oft du kannst, um deinen ganzen Körper anzuregen. Deswegen tanze auch den Bauchtanz barfuß, ohne Schuhe und Socken, damit du weißt, wo du stehst, und dich immer wieder mit der Kraft der Erde aufladen kannst. Laß deine Zehen, deine Fußballen, deine Sohle dich im Tanz begleiten. Stampfe auf, streichle sanft den Boden und schreite sicher auf ihm. Erhebe dich beim Tanz auf deine Fußballen und sinke wieder auf deine ganze Sohle, spiele mit deinen Füßen. Komm von der vertikalen Ebene immer wieder in die horizontale, stelle die Verbindung zwischen Himmel und Erde mit deinen Füßen her. Laß die Füße lachen und ihren Spaß haben an deiner Kreativität.

Im Orient haben die Füße eine besondere Bedeutung, und die Sensibilität eines Menschen erkennt man an seinen Füßen. Man ach-

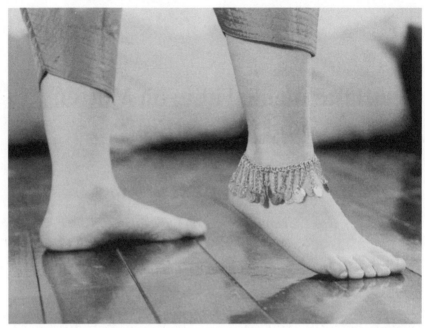

Foto: Andi Diem

Füße sind ein Bild der Balance.

tet darauf, wie man mit ihnen umgeht. So wird zum Beispiel vermieden, beim Sitzen die aufgestellten Fußsohlen auf eine Person hinzuwenden oder einen wertvollen Gegenstand mit den Füßen zu berühren. Hochachtung oder Entschuldigung entbietet man einem verehrungswürdigen Menschen, indem man sich hinunterbeugt und dessen Füße mit den Händen berührt oder sie küßt. Und genauso wie bei den Händen weiß man um die Empfindlichkeit und Wichtigkeit der Füße Bescheid; deswegen werden auch sie mit rotem Henna gefärbt und gepflegt. Vor allem bei Hochzeiten und anderen wichtigen Ereignissen vergißt man nie, sich diesem Körperteil zu widmen. Bei jedem Bad werden die Sohlen und Fersen mit einem Stein gerieben, um sie samtig und sensibel zu erhalten. Die Gepflegtheit eines Menschen kann man an seinen Füßen erkennen. Kein Wunder, daß die Füße auch als erotisches Sinnbild empfunden werden.

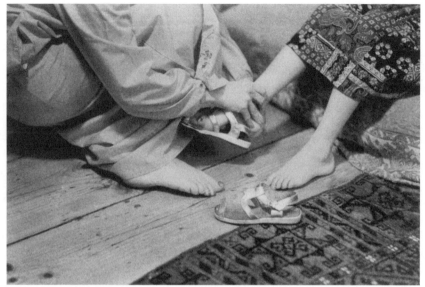

Foto: Andi Diem

Der Werdegang des Lebens

Die meisten von uns gehen, indem sie zuerst mit der Ferse aufkommen. Versuche es einmal umgekehrt und taste dich zuerst mit Zehen und Fußballen voran. Achte darauf, wie die Hüften dabei aufmerksamer werden, wie dein Brustkorb sich weitet und du jede Wölbung, jede Veränderung am Boden und auf der Erde bewußter erlebst. Indianer haben von Kindheit an gelernt, so zu gehen und sich mit jedem Schritt ganz der Oberfläche des Bodens anzupassen, sodaß sie sich geräuschlos anpirschen können. Dein Körper wird dir für diese neue Inspiration mit erhöhter Aufmerksamkeit danken.

Wenn du müde bist, wenn dein Kopf schwer wird und die Verbindung zu deinem Körper nachgelassen hat, dann setze dich hin und massiere deine Füße, nimm ein wenig Olivenöl dazu und knete sanft den ganzen Fuß. Schließe dabei die Augen und spüre, wie jeder Druck, jedes Streicheln in deinem ganzen Körper nachhallt. Nimm dir Zeit für deine Füße, lege vielleicht eine angenehme Musik auf, die dir hilft, dich zu entspannen. Du wirst erkennen, daß dich deine Füße nach so einer Massage viel sensibler und angeregter über den Boden tragen. Und: Liebe deine Füße wie dich selbst!

Varianten des Bauchtanzes

Der Bodentanz

*Wenn du dich erheben möchtest, so mußt
du lernen, zu Boden zu gehen ...*

Bei diesem Tanz kommt die Erdverbundenheit der Frau am stärksten zur Geltung. Der Teil des Körpers unterhalb der Taille, der Schoß und die Schenkel, werden hier besonders betont. Die Frau sitzt auf der Erde, sie be-sitzt sie und ist von ihr be-sessen, ihr Körperzentrum ist gesenkt, sie ist die Königin, die auf der Erde thront und daraus ihre Kraft schöpft. Sie ist der ruhende Pol, von dem alles ausgeht und zu dem alles wiederkehrt.

Durch das Aufgeben der Beine wird dieser Tanz umso erdverbundener, und der Körper verschmilzt ganz mit der Erde. Es ist, als ob sich die Erde selbst durch die Tänzerin ausdrückt und sie auffordert, für sie zu tanzen. Indem die Tänzerin sich auf die Erde setzt, nimmt sie diese in Besitz und umgekehrt. Dieselbe Symbolik ist auch in der Sprache nachweisbar. Besitzen, Besitz ergreifen, und besessen sein sind Worte, die diesbezüglich deutliche symbolische Hinweise geben. Die Kraft, die eine Tänzerin aus dem Bauch holt, wird durch den engen Bodenkontakt intensiviert. Beide Schenkelflächen, also der Schoß der Frau, der untere Teil des Körpers wird durch diesen Tanz stärker betont. Die Große Mutter kommt bei diesem Tanz zum Ausdruck. Durch diesen Tanz drückt die Frau ihre enge und liebevolle Beziehung zur Erde aus und offenbart das Lebensgefühl, das alles aus der Erde Entstandene verehrenswürdig macht. Sie wird zur Schwester der Erde, zu einer symbolischen Figur, die dazu anregen soll, über den Wert des Lebens nachzudenken.

Foto: Andi Diem

Die meisten Bodenbewegungen werden entweder auf den Knien oder ganz auf der Erde liegend getanzt. Es sind die gleichen Bewegungen, die im Stehen getanzt werden, bloß daß zusätzlich das Anschmiegen, Aufbäumen und Niedersinken so wie das Umarmen der Erde dazukommt.

Im Bodentanz kannst du jede beliebige Bewegung ausführen. Wenn du in die Knie gehst, dann tue dies mit dem Bewußtsein einer Königin, die ihrer Mutter-Kraft näher kommt und ihre Würde aus sich selbst holt. Verwurzle deine Energie im Boden und spanne diese Kraft über dich. Durch den Bodentanz kannst du vor allem Gefühle der Wehmut, der Zerrissenheit, der Klage, aber auch des Stolzes, der Macht und des verschmitzten weiblichen Wissens um die Kraft der Mutter besonders schön und klar ausdrücken.

Es gibt ein „weibliches" arabisches Gebet, das auf dem Boden sitzend gebetet wird: „Gepriesen sei Gott! Ich kann den Himmel nicht erreichen und küsse die Erde." Mit diesen Worten streckt die Frau ihre

Foto: Andi Diem

rechte Hand gen Himmel, so weit sie kann, beugt sich dann vor, berührt mit beiden Händen die Erde und küßt sie, um wiederum ihre Hand zu küssen und diese zum Himmel zu erheben.

Übungen

Leg dich auf den Rücken und beobachte, wie du da liegst und mit welchen Teilen des Körpers du aufliegst. Atme tief in den Bauch ein und laß alle Verspannungen, alle Gedanken in den Boden, in die Erde abfließen. Beobachte, wie sich der Körper mehr und mehr entspannt, die Wirbelsäule sich an den Boden schmiegt, das Kreuz sich dem Boden nähert, der Nacken und die Schultern sich entspannen und senken, das Gesäß sich ausbreitet und die Arme und Hände schwer und gelassen werden. Die Erde selbst stülpt ihre Haut über dich. Du bist geerdet, selbst ein Teil der Erde, angesaugt durch ihre Schwerkraft, wie ein Kind an der Brust seiner Mutter. Ein Hügel in der Landschaft, ein

Felsen. Deine Kraft kommt aus der Erde und kehrt zu ihr zurück. Die Jahreszeiten kommen und gehen. Blätter fliegen über dich hinweg, Moos setzt sich an, dann kommt der Schnee und bedeckt dich mit seiner Stille, zarte Knospen wachsen aus dir heraus und entfalten sich, Kinder laufen über dich hinweg, und Liebespaare lehnen sich an. Sanfter Regen umhüllt dich und die Sonne erhitzt dich. Du liegst da, unbeweglich und doch voller Leben, es pulsiert in dir, du saugst das Wissen von Jahrhunderten auf, bist Hüterin dieses Wissens, dein Bauch füllt sich mit der Geschichte an, und du liegst da, ewig und doch vergänglich, unscheinbar wechselhaft und reich durch dein Sein.

Spüre wieder deinen Körper, laß das Blut in ihm fließen und pumpe es in alle deine Glieder, strecke dich langsam und behutsam, komm zurück und öffne die Augen. Wie fühlst du dich?

Laß dich zu Boden fallen, ganz sachte, gelassen, der Schwere deines Körpers, der Schwerkraft nachgebend. Dann richte dich wieder auf, königlich, majestätisch, dich in deiner ganzen Pracht und Größe zeigend. Und laß dich wieder fallen, so wie es kommt, und richte dich wieder auf. Wiederhole das Spiel mit den Ebenen, mit der Vertikalen und der Horizontalen, so lange, bis du verstanden hast, daß Oben und Unten, tiefsinkend und hochaufrecht aus der selben Quelle schöpfen, so wie die Sanduhr durch die Augen des Betrachters, durch seine Ein-Stellung ein Oben und Unten bekommt. Laß dich nicht durch die Sprache und das Urteil der Worte beeinflussen, sondern gib selbst jeder Ebene eine Eigenschaft, einen Sinn.

Der Stocktanz

Beim Stocktanz wird der Bauchtanz mit einem Stock ausgeführt. Der Stock ist der äußere Partner der Tänzerin und gilt als das männliche Symbol. Der Tanz bekommt somit eine weitere Dimension. Zum inneren Raum, dem Körper der Tänzerin, kommt der äußere, der des männlichen Stockes. Die Tänzerin spielt mit dem Stock, sie wirbelt ihn über ihrem Haupt, stellt ihn auf und tanzt um ihn herum, sie balanciert ihn auf der Schulter oder auf dem Kopf, hält ihn in beiden Händen und

Foto: Andi Diem

bewegt ihn in wellenförmigen Bewegungen entlang ihres Körpers. Sie beherrscht diesen Stock und führt ihn so, wie es ihr Spaß macht. Sie drückt damit ihre Herrschaft über den Mann aus, aber auch ihre Partnerschaft. Sie tanzt das Männliche um den Verstand, damit der Wille der Frau wieder Macht hat. Diesen Willen und die Kraft, die damit verbunden sind, zeigt sie tänzerisch und spielerisch. Es ist keine unterdrückende Kraft, sondern eine selbstbewußte, lächelnde, ihr Wissen schätzende Ausdrucksform des Weiblichen.

Manchmal wurde dieser Tanz mit einer Schlange ausgeführt. Der Zusammenhang zwischen Schlange und Stock ist in vielen Kulturen vorhanden und drückt die Beziehung zwischen dem Weiblichen und dem Zeugend-Männlichen aus, wobei die Schlange der Begleiter ist, mit dem die Frau wie mit etwas Vertrautem umgeht und die Macht des Weiblichen in seiner Ganzheit ausdrückt.

Es braucht Geduld und Zeit, bis man mit einem Stock in Harmonie tanzen und die Weichheit des Körpers mit der Strenge des Stockes verbinden kann, um aus beiden ein neues Element zu formen. Doch wenn man die Partnerschaft erreicht hat, macht es großen Spaß.

Der Schleiertanz

Der Schleiertanz ist ein verspielter, erotischer Tanz, bei dem die Elemente der Zurückhaltung und Offenheit besonders schön zum Ausdruck kommen, jene, die die Kunst der Verführung ausmachen.

In vielen islamischen Ländern tragen die Frauen Schleier. Der Schleier war schon vor dem Islam üblich, vor allem in der Gegend des heutigen Iran. Er diente nicht nur dazu, die Frauen vor den Sonnenstrahlen zu schützen, sondern um die Frauen der Oberschicht von denen der unteren Klassen abzuheben. Der Schleier machte sie unsichtbar, sie konnten sehen, aber nicht gesehen werden. Er umhüllte, machte sie geheimnisvoll, unantastbar und erhaben. Dies gab ihnen ein Privileg gegenüber der Unterschicht, die sozusagen von jedermann gesehen werden konnte.

Schleier zu tragen, sich zu verhüllen, den Kopf zu bedecken, ist vor allem in zwei Altersstufen fast auf der ganzen Welt verbreitet – im Säuglingsalter und im hohen Alter, am Anfang und am Ende des Weges. Dient die Kopfbedeckung vielleicht in diesen Altersperioden dazu, den Kopf und den Scheitel vor den äußeren Einflüssen zu schützen, wenn der Selbstschutz noch nicht oder nicht mehr stark genug ist? Oder wird der Kopf deswegen bedeckt, weil die Abgrenzung von der Außenwelt und das In-sich-Gekehrtsein in diesen Perioden wichtig sind?

In der islamischen Welt werden Schleier und Kopfbedeckung von Frauen getragen, die sich dem religiösen Weg hingegeben haben, und das ist gut so. Schwierig zu akzeptieren ist es aber, wenn der Schleier zum gesellschaftlichen Zwang wird, wenn die Frauen nicht mehr selbst entscheiden dürfen, ob sie dafür bereit sind oder nicht.

Im Süden des Irak, vor allem in den Orten von religiöser Bedeutung, tragen alle Frauen bis zum heutigen Tag, ob jung oder alt, bodenlange schwarze *abayas* über ihrer Kleidung. Die Ortschaften sind gefüllt mit geheimnisvollen Wesen, und wenn man durch die Straßen geht, als Frau selbst genauso verhüllt, überkommt einen ein unbeschreibliches Gefühl der Einheit und Solidarität mit allen anderen Frauen – ohne Unterschied in Alter, Aussehen oder Status; als ob alle einer geheimnisvollen Gruppierung angehörten, aus der die Männer ausgeschlossen sind. Der Schleier formt eine Grenze zwischen der Welt der

Männer und der der Frauen. Jede nennt die andere Schwester, und dieses Gemeinschaftsgefühl macht stark und selbstsicher. Wie entblößt die Männer erscheinen, Söhne all dieser Frauen! Und die Augen, die durch diesen dunklen Rahmen betont werden, blitzen, wirken magnetisch, hypnotisierend auf ihr Gegenüber und scheinen die ganze Energie und den Stolz dieser Frauen in sich zu tragen.

Kein Wunder, daß der Schleier auch beim Frauentanz verwendet wird. Es macht Spaß, sich zu verhüllen und nur den Teil von sich zu zeigen, den man zeigen möchte. Der Schleier verleiht dem Tanz ein geheimnisvolles Element. Wenn man ihn über dem Kopf schwingt oder über die Schultern gleiten läßt, so scheint er den Raum einzunehmen und die eigene Aura auszudehnen. Die eigenen Körperkonturen verschmelzen mit dem Schleier, das Sakrale kommt zum Tragen. Das Individuum verschwindet hinter dem Archetypus, dem Göttlichen; das Mystische und das Erotische werden eins.

Beim Schleiertanz tanzt die Frau jenes Wissen um das neue Lebewesen, das aus ihr entstehen kann. Sie tanzt die ewige Wiederkehr des Lebens auch ohne Leibesfrucht, sie tanzt ihre Lebensgefühle, die ihr aus dem inneren Rhythmus zukommen, sie tanzt die Erotik jenseits der Liebesumarmung, sie tanzt den Zwischenraum, jenen Moment zwischen Geburt und Tod namens Leben. Indem sie sich verhüllt und wieder zeigt, erscheint und verschwindet, zum Leben lockt und sich wieder entzieht, kokett ist und wieder stolz, erotisch und dann heiter, gleichmütig und abwesend, mitreißend und kindlich scheu, befreit sie sich von äußeren Formen und gibt sich der Natur der Dinge hin. Sie tritt ein in die Welt der Einheit. Das ist mystische Erotik.

Gehen und Drehen

Im Bauchtanz und seinen Varianten spielt das Gehen und Drehen eine wichtige Rolle. Im Bauchtanz werden traditionellerweise alle Kreise und Drehungen nach links ausgeführt, also gegen den Uhrzeigersinn. Die linke Drehung kommt vom Herzen und hebt die Frau aus dem Verhaftetsein mit der Erde heraus.

In arabischen Ländern werden auch die Kleinkinder stets auf der linken Hüfte getragen, nahe beim Herzen, damit sie durch den Herzschlag der Tragenden beruhigt werden.

Wenn ein beleidigtes Kind einen Freundschaftseid auflösen möchte, so streckt es dafür den kleinen Finger der linken Hand aus, und mit einer drehenden Bewegung der Hand wird diese Auflösung – bis zur nächsten Versöhnung – angekündigt.

In islamischen Kulturen besteht eine klare Einteilung der Aufgabenbereiche der linken und der rechten Hand. Die rechte Hand wird zum Essen, zum Schreiben und zum Begrüßen verwendet, die linke zur Waschung der Genitalien. Diese Trennung wird vor allem in wasserarmen Regionen streng eingehalten. Die höhere Würde der rechten Hand! Es ist interessant, daß in allen vaterrechtlichen Kulturen stets die rechte Hand bevorzugt wird. Die Rechte gehört der männlichen, tätigen Naturpotenz, sie ist die Schaffende, die Herrschende, die Geistige.

Und was ist mit der Linken? Wenn wir die Geschichte der Antike und die Vorgeschichte der Mittelmeerregion betrachten, so zieht sich ein roter Faden von ähnlichen Merkmalen und Symbolen hindurch: Die linke Seite war die der Mutter, die rechte die des Vaters; die linke verkörperte die irdische Welt, die rechte den Himmel; links war die Materie, rechts der Geist; aus dem linken Hoden, glaubte man, kamen die Mädchen, aus dem rechten die Knaben; links der Mond, rechts die Sonne; links die Nacht, rechts der Tag, links widerspenstig, rechts willig; links Raum, rechts Zeit; links gleichzeitig, rechts aufeinanderfolgend; links die geraden Zahlen, rechts die ungeraden.

Den Göttern der Erde, also den alten Muttergottheiten, opferte man noch zu Platons Zeiten Tiere in gerader Zahl, den neuen Vatergottheiten solche in ungerader Zahl. Platon, der Apostel des Vaterrechts, war es auch, der die rechte Seite den Göttern, die linke den Dämonen zuschrieb.

Als das Land am Nil noch vorzugsweise dem Mutterrecht huldigte, galt die linke Hand der Isis als die nährende, die mütterliche. Demeter führte ihr Zepter in der linken Hand. Die Glücksgöttin Nike stand stets links. MagierInnen und SeherInnen in mutterrechtlichen Kulturen leiteten ihre Macht stets von der linken Körperseite ab. Vaterrechtliche Kulturen bezogen ihre Macht auf die rechte Körperseite.

Es scheint, daß die älteren, mutterrechtlichen Kulturen „die höhere Würde der linken Seite und eine innere Verbindung mit dem Mutterrecht" sahen.[45] Kam es also während der Zeit des Überganges vom Mutter- zum Vaterrecht zu einer bewußten Umwandlung der Symbole? In östlichen Traditionen gilt bis heute die linke Körperhälfte als die weibliche beziehungsweise die empfängliche – im Gegensatz zur aktiven rechten Körperhälfte.

Wieso wird die Rechte in vaterrechtlichen Kulturen bevorzugt? Wie wir wissen, ist die rechte Hälfte der Großhirnrinde mit der linken Körperhälfte verbunden, während die linke Hälfte der Großhirnrinde die rechte Seite kontrolliert. Die rechte Gehirnhälfte ist für die kreativen, phantastischen und intuitiven Bewußtseinsprozesse zuständig, während die linke Gehirnhälfte als Heimat der logisch-analytischen Denkprozesse gilt. Leben wir in einer Welt der Rechtshänder, weil wir linksgehirnig orientiert sind? Oder, anders gefragt: Sind wir linksgehirnig, weil wir Rechtshänder sind?

In einer dualistisch orientierten Gesellschaft, in der die Welt in gut und böse, in falsch und richtig eingeteilt wird, hat sich dieses Werturteil auch räumlich manifestiert: Auf die rechte Seite wurde das Gute, auf die linke das Böse projiziert. Diesem Prinzip wurden auch die beiden Hände unterworfen. Entsprechende Auffassungen und Wertvorstellungen reflektieren dies auch in der Sprache: Rechts ist richtig und ge-recht, während links linkisch, ja sogar „link" ist. Im Arabischen steht der Begriff *usrawi*, Linkshänder, für schwach, unehrlich.

Die linke Hand wird in vielen Kulturen nicht gleichberechtigt behandelt und weit seltener in Tätigkeitsbereiche mit einbezogen. Der linken Körperseite wird nicht die gleiche Beweglichkeit und Bewegungsästhetik abverlangt wie der rechten. Doch wie soll man ein uneingeschränktes physisches Wohlbefinden verspüren, wenn nicht alle Körperteile mit einbezogen sind? Wieso nicht aus dem Ganzen schöpfen? Es gibt viele Möglichkeiten zu lernen, wie man beide Gehirnhälften, beide Körperseiten einsetzt, also beidseitig wird, sozusagen von der mutter- und der vaterrechtlichen Seite zugleich profitiert.

Übungen

Versuche einmal, mit deiner nicht dominanten Hand zu schreiben oder zu malen. Beginne es ganz gelassen. Zuerst wirst du vielleicht etwas ungeduldig sein. Versetze dich zurück in deine Kindheit, als du zum ersten Mal einen Stift in die Hand genommen hast, um ein weißes Blatt Papier zu füllen. Laß deiner Phantasie freien Lauf! Du wirst überrascht sein, wie anders deine nicht dominante Hand vorgehen wird.

Beim Schreiben kannst du mit deinem Namen beginnen. Schreibe alles nieder, alle Gefühle, die dir dabei hochkommen, über ein beliebiges Thema, einen beliebigen Aspekt in deinem Leben. Kommst du dir wie ein Kind vor? Kannst du Gefühlen und Bildern mit dieser Hand mehr Raum geben? Kannst du eine Veränderung in der Ausdrucksweise feststellen? Verwendest du andere Begriffe als sonst? Ist die Ausdrucksweise vielleicht emotionaler, empfindsamer, „rechtsgehirniger" geworden? Kann es sein, daß der – bei den meisten Menschen häufigere – Einsatz der rechten Hand zu einer höheren Inanspruchnahme des linken rationalen, analytischen Nervenzentrums geführt hat? Ist es nicht so, daß ein Organ, das regelmäßig beansprucht wird, stärker durchblutet wird und infolgedessen wächst? Nachweislich wiegt die linke Gehirnhälfte mehr als die rechte.

Eine andere Möglichkeit besteht darin, mit beiden Händen in einen Dialog zu treten. Teile ein Blatt durch eine Linie in zwei Hälften und male oder schreibe erst mit der einen, dann mit der anderen Hand. Nun zeichne mit beiden Händen gleichzeitig. Laß jede Hand ihr eigenes, spontanes Bild entwerfen. Laß jede ihren eigenen Tanz vollführen. Wie fühlt sich das an und wie sieht die Zeichnung aus? Vergleiche und stelle fest!

Versuche Tätigkeiten, die du normalerweise mit der dominanten Hand ausführst, einmal mit der anderen Hand. Verwende die nicht dominante Hand nicht als bloß unterstützende, sondern übergib ihr die Leitfunktion. Du kannst auch abwechselnd die eine wie die andere

Foto: Andi Diem

für dieselbe Tätigkeit verwenden. Beobachte dich und die Gefühle, die dabei aufkommen.

Beim Tanzen werden beide Körperteile voll eingesetzt, und weil der Bauchtanz ein Isolationstanz ist, werden nicht nur die beiden Körperteile gleich beansprucht, sondern du lernst es auch, die verschiedenen Zentren in verschiedenen raum-zeitlichen Gefügen miteinander zu verbinden. Nichts kann so stimulierend auf beide Gehirnhälften wirken wie dieser spielerische Tanz.

Gehen

Im Bauchtanz gibt es verschiedene Gangarten. Sie dienen der Tänzerin einerseits dazu, von einem Rhythmus zum anderen überzuwechseln, andererseits geben sie ihr die Möglichkeit, sich ein wenig auszuruhen und sich inspirieren zu lassen.

Grundgang

Lehne dich ein wenig zurück, sodaß du deinen Hüften größtmöglichen Freiraum gewährst. Stelle dir einen imaginären Strahl vor, der aus deinem Bauch kommt und an den du deine Hüfte schmiegst. Tritt mit deinem Fußballen auf und schreite „in dir sitzend" durch den Raum.

Gazellengang

Stelle die Füße nebeneinander. Geh mit deinem rechten Fuß einen Schritt nach vor, dann beuge die Knie, bringe den linken Fuß auf die gleiche Ebene und stelle ihn auf dem Ballen auf. Jetzt geh einen Schritt mit dem linken Bein nach vor, beuge die Knie, bringe den rechten Fuß auf gleiche Höhe und stelle ihn auf den Fußballen und so fort.

Arabischer Gang

Bei diesem Gang sind die Schrittbewegungen der Füße wie beim normalen Gehen. Also: Schritt nach vor mit rechts, dann etwas in die Knie gehen und den Brustkorb leicht nach rechts drehen, dann nach vorne über den rechten Fuß ziehen. Jetzt Schritt mit links, die Knie beugen und dabei den Brustkorb nach links und über den linken Fuß strecken und so fort.

Stampfgang

Nimm dieselbe Position ein wie beim Becken-Pendeln, also Füße weiter auseinander als üblich. Geh tief in die Knie. Während du mit dem Becken pendelst, verlagere dein Gewicht auf einen Fuß und hebe den anderen einen Schritt nach vorne. Jetzt verlagere dein Gewicht auf

Foto: Andi Diem

diesen Fuß und hole den anderen auf die gleiche Höhe. Es braucht etwas Übung und Geduld, bis man diese zwei verschiedenen Bewegungen gleichzeitig ausüben kann. Kehre immer wieder zum Pendeln im Stehen zurück, wenn du das Gefühl hast, dich in beiden Bewegungen verloren zu haben. Und vergiß nicht: Lachen ist der beste Meister!

Achte darauf, daß der Oberkörper entspannt bleibt, daß du die Schultern nicht hochziehst und daß der Brustraum offen, geweitet ist. Ein wilder, archaischer Gang, der in seiner urtümlichen Art beeindrukkend wirkt.

Kamelgang

Im Kamelgang werden Oberkörper und Becken miteinander bewegt, sodaß der ganze Körper förmlich wogt. In der Grundposition ist das rechte Bein nach vor gestellt und ruht auf dem Fußballen. Das Körpergewicht liegt auf dem am Boden aufliegenden linken Fuß. Die rechte Hand ruht auf der Schläfe, der linke Arm ist seitlich ausgestreckt. Beuge deinen Oberkörper vor. Atme ein, spanne deinen Brustkorb an und hebe ihn hoch. Die Bewegung geht über ins Gesäß, du gehst etwas in die Knie und schwingst dein zurückgezogenes Becken nach vor. Dabei verlagert sich dein Gewicht auf das vordere Bein, und du ziehst das hintere nach.

Wiegen-Gang

Dieser Schritt wird seitlich ausgeführt. Die linke Hand wird neben der Schläfe aufgestellt wie eine Klappe, der rechte Arm neben dem Körper ausgestreckt. Der Kopf und der ausgestreckte Arm zeigen in die Richtung, in die du dich bewegen willst.

Grundposition: Hebe die rechte Hüfte hoch (dabei stellt sich der Fuß auf den Ballen) und verlagere dein Gewicht auf das linke Bein, mache einen kleinen Schritt schräg zur Seite, verlagere das Gewicht auf den rechten Fuß und hebe jetzt die linke Hüfte hoch, stelle den linken Fuß daneben und verlagere das Gewicht auf den linken Fuß. Und weiter zur Seite: rechts, links daneben, rechts, links daneben und so fort. Wenn du am Ende des Raumes angelangt bist, wende und geh in die andere Richtung.

Drehungen

Bevor du mit den Drehungen beginnst, ist es wichtig, daß du ganz in deiner Mitte bist. Stelle dich aufrecht hin, beuge die Knie, schließe die Augen und beginne mit dem Kreisen des Beckens.

Und laß mich dir erzählen: Wir teilen den Körper in eine rechte und eine linke Seite ein. Bei den meisten von uns ist eine Seite ausgeprägter als die andere; meist die rechte.

Während du mit dem Becken kreist, also beide Seiten gemeinsam verbindest, blicke in dich hinein und höre. Auf welche Seite verläßt du dich mehr? Ist es die linke oder die rechte? Tust du dies, weil dir die eine Seite mehr entspricht oder weil man dich gelehrt hat, dich auf diese eine mehr zu verlassen? Nimm dir Zeit.

Wenn du diese Frage nicht beantworten kannst, dann beobachte weiter. Laß dich auf folgendes Spiel ein: Während du mit dem Becken kreist, spüre, auf welcher Seite deines Kopfes die Haare intensiver wachsen. Und die Zähne? Auf welcher Seite beißt du mehr, wo schiebst du das Essen hin, wenn du kaust – links, rechts oder auf beide Seiten gleich? Und wenn du den ersten Schritt machst, vertraust du ihn dem linken oder dem rechten Fuß an? Kreise weiter mit dem Becken. Wie fühlen sich deine Hände an, wenn dein Becken kreist? Welche Hand dominiert, ist die stärkere, die führende? Und weiß sie, was mit der anderen vorgeht? Achte auf deine Ohren. Welches Ohr erscheint dir fester angewachsen? Bist du auf einem hellhöriger? Wende deine Aufmerksamkeit jetzt deinen Füßen, deinen Zehen zu. Wie stehst du da, wenn dein Becken kreist? Kreise weiter, nimm mit dem „großen Runden" deine beiden Seiten auf. Gib ihnen beiden die Hand, wie im Reigentanz. Kreise weiter, bis du voll und ganz rund wirst. Dann halte ein.

Verwende deine Körperinformationen und suche dir deine „vernachlässigte" Seite heraus. Verbringe den Rest des Tages mit dieser Seite, lerne sie kennen, experimentiere mit ihr und beobachte deine inneren und äußeren Reaktionen dabei.

Wenn deine rechte Seite, deine rechte Hand, dein rechter Fuß, deine rechte Hüfte dominierend sind, dann setze für heute deine linke Seite ein beziehungsweise umgekehrt. Vernachlässige fürs erste die dominierende Seite und spiele mit der anderen. Schreibe links, koche mit der Linken, beuge dich links vor, trage links und steige mit dem linken Fuß als erstes auf. Verlaß dich für heute nur auf die „schwache" Seite. Nicht vergessen zu lächeln, beidseitig.

Die *fatl*-Drehung

Ähnlich wie im Drehtanz der Derwische kann man diesen Aspekt im Bauchtanz einbauen. Strecke den linken Arm neben dem Körper horizontal aus, mit dem Handteller in Richtung Boden. Der rechte Arm wird hochgehoben, mit dem Handteller in Richtung Himmel, der Kopf leicht nach rechts geneigt. Verlagere dein Gewicht auf den linken Fuß und beschreibe mit dem rechten Fußballen einen Kreis. Beim Derwisch-Tanz befinden sich beide Fußsohlen am Boden. Du kannst natürlich auch diese Variante versuchen. Die Augen sind dabei halb geschlossen und blicken ins Nichts. Du kannst aber für den Anfang auch deine rechte Hand in Augenhöhe halten und sie anblicken, falls es dir das Drehen erleichtert und dir mehr Halt gibt.

Traditionellerweise erfolgt die Drehung gegen den Uhrzeigersinn, da man sagt, daß sich alle Himmelskörper nach links drehen und du dich dadurch in ihre Rotation einbettest. Auch verhilft dir die Drehung nach links, dich von der Erdverhaftung zu lösen, dich selbst aufzulösen und somit der Einheit näher zu kommen, dem eigentlichen Ziel des Derwisch-Tanzes.

Doch es ist ganz dir überlassen, welche Richtung du wählst. Beginne langsam und ohne Hast, versetze dich in keinen Streß. Denn bevor du fähig bist, über dich hinauszuwachsen, mußt du dich erst selbst kennenlernen.

Drehungen können oft zu starken und unangenehmen Reizungen des Vestibularapparates führen, die Übelkeit und Schwindel bewirken. Dies ist ein Schutzmechanismus des Körpers, der dir hiermit ein Zeichen gibt. Je nach Verfassung kannst dem nachgeben und anhalten oder versuchen, die Blockade beziehungsweise Grenze zu überwinden und weiterzudrehen. Sieh diese Blockaden nicht als negativ an, denn aus ihnen erwächst Erkenntnis. Zögere nicht, der Schwerkraft nachzugeben und dich fallen zu lassen. Die Erde wird dich mütterlich

Foto: Andi Diem

auffangen. Es hilft auch, die Stirn auf die Erde aufzulegen und den Schwindelzustand oder die Übelkeit abzuleiten.

Wenn du die Drehungen, den *fatl*, wie es auf arabisch heißt – wörtlich: winden, (zusammen-)drehen –, beenden möchtest und du ein wenig außer dir stehst, dann kreuze die Arme vor der Brust, lege dein Kinn auf die Brust und kreuze auch die Füße beziehungsweise die Zehen übereinander. Jetzt ist der Energiekreis ganz geschlossen. Verharre in dieser Position, bis du dich wieder ganz „gefunden" hast!

Ägyptische Drehung

Hebe deinen rechten Arm seitlich ausgestreckt nach oben, mit der Handfläche nach oben weisend. Während du ihn wieder nach unten bewegst, geh mit dem seitlich ausgestreckten linken Arm und der Handfläche nach oben weisend hinauf. Jetzt beginne dich zu drehen, wobei du deine Arme wie oben beschrieben bewegst. Diese Drehung kannst du auch mit einem Schleier ausführen, indem du die Enden mit den Händen festhältst.

Halbdrehung

Strecke beide Arme vor deinem Körper aus, etwa in Schulterhöhe. Jetzt versetze das linke Bein nach vorne und verteile dein Gewicht gleichmäßig auf beide Beine. Drehe dich mit Hilfe des rechten Beines um 180 Grad, sodaß du dich auf der anderen Spiegelseite wieder in der selben Position findest, wobei jetzt dein rechtes Bein vorne ist und das linke hinten. Übe diese Halbdrehung mehrere Male, bis sie fließend wird, als ob du dich mit einem unsichtbaren Partner bewegst. Der unsichtbare Partner bist wieder du selbst.

Rituale

Der Bauchtanz hat bis heute in vielen Ländern des Orients seinen rituellen Aspekt beibehalten. Alle Lebensphasen einer Frau werden von diesem Tanz begleitet: Menstruation, Hochzeit, Geburt, Tod – er setzt je nach Ereignis ein anderes Gesicht auf.

Der Menstruationstanz *rahil*

Der Menstruationstanz *rahil* (wörtlich: Aufbruch, Auszug) ist ein Initiationstanz. Er ist das Tor, durch das ein Mädchen geht, um auf der anderen Seite als Frau herauszukommen. Frauen halten ihr das Tor auf und erleichtern durch ihre Anwesenheit, ihre Aufmunterung und ihr Lächeln den Einstieg ins neue Leben.

Wenn ein Mädchen seine erste Menstruation bekommt, also zum ersten Mal „besucht wird", wie man im Arabischen sagt, wird dieser Übergang von der Kindheit zum Frausein in vielen orientalischen Ländern durch ein Ritual gefeiert. Alle Frauen der Familie, Freundinnen und Bekannte versammeln sich zum großen Ereignis. Ein Kreis wird gebildet, die Frauen geben einander die Hände, und das Mädchen (beziehungsweise die Mädchen) tritt in die Mitte.

Oft werden der zu Initiierenden bei dieser Zeremonie Hände und Fußsohlen zum ersten Mal mit Henna rot gefärbt. Die rote Farbe symbolisiert das Blut der ersten Menstruation und somit auch die Fähigkeit der jungen Frau, neues Leben zu empfangen und auszutragen. Die Farbe Rot steht für alles Lebendige, für Geburt, aber auch für Opfer und opfern, für etwas Neues Platz zu machen. Das Blut fließt zur fruchtbaren, ewig schwangeren Erde, zu seinem Ursprung zurück, und das Mädchen ist nun durch sein Reifestadium in ebendiesen Zustand getreten, mit der Erde verbunden. All dies drückt sich in seinen roten Füßen aus.

Weich und behutsam beginnen sich die Frauen zu bewegen. Anfangs sind die Bewegungen sanft und kaum sichtbar. Eine der Frauen fordert das Mädchen auf, Fragen, die es bewegen, an die Frauenrunde zu richten. Das Mädchen darf ohne Scham und Einschränkung alles fragen, die erfahrenen Frauen antworten ehrlich. Die Freude der Frauen über die neue Gefährtin und die Aufregung des Mädchens werden durch die zirkulierenden Bewegungen der Frauen getragen. Die Stimmung ist weich, kraftvoll und rund wie die Becken der Frauen, für die es wiederum ein Geschenk ist, an ihre Kindheit erinnert zu werden. Im Kreis fühlt sich das Mädchen, das während dieses Übergangs vom Kind zur Frau als besonders verletzlich und psychisch empfindsam angesehen wird, von den Frauen beschützt und durch ihr Wissen behütet. Es soll heil hinübergetragen werden in die Frauenwelt, wo sich die intuitive Unschuld mit der lebendigen Wildheit vereint und aus dem sanften Mädchen eine stolze Frau wird.

Es ist vor allem der Humor der Frauen, der dem Mädchen hilft, sich für die neue Phase des Lebens zu öffnen. Bald werden zwei Schalen in den Kreis hineingetragen. Die eine Schale enthält gesüßte Milch, das Symbol des Männlichen, in der anderen liegen Datteln, das Symbol des Weiblichen. Eine Frau reicht dem Mädchen die Milch, von der es einen Schluck nimmt, um anschließend eine Dattel zu essen. Dieser Vorgang wird dreimal wiederholt, die Schalen werden dabei im Kreis weitergereicht. Indem dem Mädchen beide Schalen gereicht werden, wird es ermutigt, Männliches und Weibliches zu pflegen.

Durch diese Zeremonie werden die Mädchen in die Welt der Frauen aufgenommen, ihr freudiges Trillern zerreißt die alte Welt, um der neuen Platz zu machen.

Wilde und intensive Bewegungen der Frauen erfüllen nun den Raum, die Hüften beginnen kraftvoll zu kreisen, die Arme bewegen sich im Rhythmus, die Becken vibrieren in ihrer ganzen Fülle. Es wird gemeinsam getanzt, gesungen und gelacht. Am Ende des Rituals wird dem Mädchen gratuliert, kleine Geschenke kommen zur Verteilung. Anschließend essen und trinken alle Frauen gemeinsam, räumen alles auf und gehen, jede für sich, ihrer Wege.

Der Hochzeitstanz

Eine orientalische Hochzeit ohne Bauchtanz ist unvorstellbar. Er bildet den Höhepunkt der Hochzeit und wird heutzutage meist von einer professionellen Tänzerin ausgeführt. Doch die Gäste und Verwandten lassen es dabei nicht bewenden, und jede wartet ab, bis ihre Musik sie ruft, um ihren Tanz vorzuführen. Männer und Frauen beteiligen sich an diesem Tanz, der von den Gästen durch Klatschen und Singen begeistert begleitet wird. Die Tanzenden geben bei einer solchen Feierlichkeit immer ihr Bestes, die übliche Schüchternheit vor dem anderen Geschlecht fällt bei Hochzeiten weg.

Bis heute gibt es verschiedene Hochzeitsfeierlichkeiten, die von Land zu Land variieren, doch überall dauern die Festivitäten mehrere Tage an. Solche Hochzeiten bestehen aus einem Männertag und einem Frauentag, einem Frauenhennatag und einem Gebetstag. Uns geht es hier vor allem um die Bedeutung des Tanzes während der Hochzeit.

Traditionellerweise feiern Frauen und Männer die Hochzeit getrennt, das Hochzeitspaar befindet sich interessanterweise immer bei den Frauen. Der Bräutigam wird somit in ihre Welt eingeladen. Es bleibt meist die einzige Gelegenheit in seinem Erwachsenenleben, diese Welt zu beschnuppern. Als Kind hat er mit seiner Mutter in ihr gelebt und wurde von ihr beschützt, bevor er in die Welt seines Vaters wechselte. Jetzt tritt er zum zweiten Mal in diese Welt, diesmal begleitet von seiner zukünftigen Frau.

Meist thront das Brautpaar, Königin und König gleich, auf einem erhobenen Platz, sodaß alle es sehen können. Alle Frauen tanzen den Bauchtanz, jede zeigt ihre Kunst, doch den Höhepunkt bildet der Tanz der Braut, wenn sie zum ersten Mal für ihren Mann tanzt. Dann setzen sich alle Frauen und bilden den Rahmen für ihren Tanz. Es ist kein schüchterner Tanz, sondern einer, bei dem die Braut ihrem Mann und den anderen Frauen ihre Weiblichkeit in voller Blüte zeigt. Der Bauchtanz bietet ihr die Möglichkeit, dies in direkter Weise zu tun, und gibt dem Mann die Gelegenheit, seine Frau in der ganzen Pracht ihres Frauseins zu erkennen und zu schätzen. Meist verläßt die Braut mehrere Male den Raum – bis zu siebenmal –, um die Kleider zu wechseln, und jedesmal bekommt ihr Tanz einen anderen Ausdruck. Dies mag an den siebenfachen Schleiertanz erinnern oder an den Mondzyklus, für den die Sieben als Symbol steht. Nach dem letzten Tanz der Braut stehen auch die anderen Frauen auf und begleiten sie. Glücklich ist der Mann, der auf solche Weise in sein neues Leben begleitet wird, und gesegnet die Frau, die durch sich Frau sein kann.

In manchen Ländern stehen die Frauen bei dieser Gelegenheit auf und verlassen mit der Braut den Raum. Die Braut und alle anderen Frauen tragen zwei brennende Kerzen in den Händen. Langsam, von Trillern, Trommeln und Tamburin begleitet, schreiten die Frauen mit der Braut dann zurück zum Bräutigam. Bei ihm angekommen, bilden sie einen Kreis, und jede Frau kommt mit ihrem Licht zur Braut und tanzt mit ihr. Es ist ein sanfter Tanz, bei dem jede Frau der Braut ihren Segen auf den neuen Weg mitgibt. Das Licht, das Symbol des Lebens und der Seele, soll den gemeinsamen Weg des Paares erleuchten. Dieser Lichtzug bildet meist das Ende der Feier, und bald danach zieht sich das Brautpaar zurück.

Beduinenfrauen tanzen bei Hochzeiten den Haartanz *ni'isch*. Das Haar gilt den Beduinen als das erotische und weibliche Symbol schlechthin. Beim Haartanz wird es mit wohlduftenden Ölen eingerieben und mit einer schwungvollen Bewegung des Kopfes von einer Seite zur anderen geschleudert. Der berauschende Duft umhüllt dabei die Zuseherschaft, die natürlich nur aus Frauen besteht. Die Männer lugen bei solcher Gelegenheit meist heimlich durch die Ritzen des Zeltes, was den Frauen freilich bekannt ist. Die nächste Brautwahl fällt oft bei einer solchen Gelegenheit.

Geburtstanz

„... im alten Asien, wo der Tanz in seiner primitiven Reinheit erhalten geblieben ist, stellt er Mutterschaft dar, das Geheimnis der Empfängnis von Leben, das Leiden und die Freude, mit denen eine neue Seele auf die Welt gebracht wird."
Armen Ohanian

Nicht in allen arabischen Ländern wird der Geburtstanz ausgeführt. Doch dort, wo er vorzufinden ist, ist er einer der eindrucksvollsten Tänze. Kein Tanz drückt so stark die Kraft und Sehnsucht der Frau nach Leben und die Überwindung des Todes aus wie dieser. In ihm manifestiert sich das Kommen und Gehen, die ewige Wiederkehr des Ähnlichen, das Aufblühen und Vergehen sowie das Wissen um den Tod, der jedes Leben einholt.

Der Bauchtanz nimmt schon während der Schwangerschaft eine wichtige Rolle ein. Seine Bewegungen eignen sich besonders zur Geburtsvorbereitung. In seiner Essenz ist der Bauchtanz ein Lebens- und Fruchtbarkeitstanz, der nicht nur die Empfängnisbereitschaft der Frau fördert, sondern ihr auch hilft, ein widerstandsfähiges und gesundes Kind zu gebären. Durch diesen Tanz kräftigt sich der Körper der Frau, und gleichzeitig hilft er ihr, sich zu entspannen, dem Kind mehr Raum zu geben, damit es leichter aus ihr herausfindet.

Schwangerschaft und Geburt sind ein natürlicher Vorgang. Frauen, die ihn einmal erlebt und sich auf diesen Prozeß eingelassen haben, erleben eine neue Dimension, neues Selbstvertrauen in ihre Fähigkeiten, ein tieferes Wissen.

Um den Geburtstanz besser zu verstehen, ist es wichtig, ein holistisches Bild davon zu zeigen, um die Einstellung der arabischen Frauen und der Gesellschaft zu Schwangerschaft und Geburt kennenzulernen.

Die Zeit des Tragens

Wenn eine Frau bekanntgibt, daß sie schwanger ist, wird sie von diesem Zeitpunkt an mit besonderer Aufmerksamkeit behandelt. Einer Schwangeren darf man keine Bitte abschlagen, heißt es.

Wenn die Nachbarn etwas kochen und wissen, daß nebenan eine Schwangere lebt, bringen sie ihr etwas vorbei, schon allein aus Angst, daß sie es riechen könnte und Appetit darauf bekäme, ohne diesen stillen zu können. Die Familie versucht, ihre Wünsche zu erfüllen, soweit es geht, denn jeder unangenehme Zustand der werdenden Mutter könnte Einfluß auf das Kind nehmen. Man geht davon aus, daß der Gemütszustand einer werdenden Mutter das Kind psychisch wie physisch beeinflußt.

In manchen Familien sind die Frauen so vorsichtig, daß sie eine Mischung aus Olivenöl, Sesamöl und Butter, die sie mit Zwiebel und Knoblauch vermischen und braten, vorbereiten und zu Hause bereithalten. Sollte ein appetitanregender Geruch aufkommen, wird der Schwangeren ein wenig von dieser Mischung zu essen gegeben oder ihr Nabel damit eingerieben. Dies dient als Vorbeugung, falls die Nachbarn vergessen, etwas vorbeizubringen. Beim Essen sind die Frauen darauf bedacht, die besten Stücke der werdenden Mutter zu überlassen.

Während der Schwangerschaft soll die werdende Mutter gewisse Tätigkeiten nicht ausüben: Arbeiten, bei denen sie hocken muß oder die ihren Rücken belasten; aber auch Aufgaben wie Schneiden, Ausrupfen von Pflanzen oder Töten von Tieren sollten vermieden werden. Da in der Frau ein neues Leben heranwächst, sollte sie kein anderes beenden oder unterbinden, sonst könnte sich dies auf das Leben in ihr negativ auswirken.

Es wird auch darauf geachtet, daß eine werdende Mutter keine unangenehmen Berichte hört. Sie soll ausschließlich schöne Dinge und Menschen sehen, vor allem in den ersten sechs Monaten, da man glaubt, dies könnte die äußere Gestalt des Kindes beeinflussen. Denn eine werdende Mutter kann nicht nur Lust nach einer speziellen Nahrung haben, sondern auch von einer heftigen Begierde überkommen werden. Wenn sie gerade eine Person ansieht, dann könnte ihr Kind dieser Person ähneln oder ähnliche Charakterzüge beziehungsweise Eigenschaften aufweisen. Deshalb wundert sich auch niemand, wenn das Kind niemandem aus der Familie ähnlich sieht, denn man kann nie wissen, wen die Frau während der Schwangerschaft angesehen hat. Allgemein wird von einer werdenden Mutter erwartet, daß sie behutsam mit sich umgeht und den gern gegebenen Rat der erfahreneren Frauen befolgt.

Das Kind kündigt sich an

In den arabischen Ländern war, bevor Spitäler und Ärzte dies übernahmen, die Geburt reine Frauensache und ist es teils auch heute noch. Sie findet meist in einem eigens dafür vorbereiteten Raum statt. Ist die Zeit der Geburt gekommen, verlassen die Männer das Haus und kümmern sich um den werdenden Vater. Die weiblichen Verwandten und Nachbarinnen machen sich auf und versammeln sich im Geburtsraum. Schwangeren Frauen ist es verboten, dabeizusein, da man befürchtet, ihre Wehen könnten dadurch zu früh einsetzen. Andererseits kommen gerne Frauen, die sich Kinder wünschen und keine bekommen können, um sozusagen „angesteckt" zu werden.

Neben all den Frauen, die der werdenden Mutter bei der Geburt helfen, legt man großen Wert auf die Anwesenheit der Mutter der Gebärenden. Durch ihr Dasein stärkt sie die Ahnenkette und erinnert die Tochter daran, daß auch sie einmal diese Erfahrung durchgemacht hat. Die Mutter kommt manchmal von weit her, um bei diesem großen Ereignis anwesend zu sein, und es wird als schlechtes Omen empfunden, wenn sie nicht dabei sein kann. Notfalls versucht die Tochter sogar, zu ihrer Mutter zu reisen und bei ihr zu gebären.

Bevor die Frauen zu einer Geburt kommen, führen sie eine sakrale Waschung – wie vor dem Gebet – durch, bei der sie ihre Hände, ihr Gesicht und ihre Füße dreimal waschen, um in den Zustand der geistigen und körperlichen Reinheit zu gelangen. Eine Geburt wird als etwas Sakrales empfunden. Wenn man unrein an ihr teilnimmt, kann das einen schlechten Einfluß auf den Verlauf der Geburt nehmen.

Bei einer Geburt dabei sein zu dürfen, wird als Segen empfunden, da man glaubt, daß sich der Geburtsraum mit Engeln füllt und sich die Tore des Himmels darüber öffnen. Somit gelangt jeder ausgesprochene Wunsch, jede Bitte auf direktem Weg in den Himmel und wird sicher erhört.

Die älteren Frauen rezitieren heilige Texte und helfen der werdenden Mutter, sich vertrauensvoll zu entspannen, andere wiederum beten für sie und sprechen Schutzformeln aus. Der Raum füllt sich mit den leisen Stimmen der Frauen. Die Gebärende wird in eine Art Abwesenheit eingelullt, die die Schmerzen erträglicher macht.

Die anwesende Hebamme ist meist eine reifere Frau, die viel Lebenserfahrung mitbringt und oft selbst schon Mutter ist. Manche möchten nur eine Hebamme, die schon das Klimakterium erreicht hat, da man glaubt, daß sich die Spiritualität einer Frau nach dem Ausfallen der Menstruation erhöht. Die Hebamme achtet darauf, daß sich alle leise verhalten und nicht laut sprechen, denn eine Gebärende befindet sich immer in einem Zustand zwischen Leben und Tod, in einem heiligen Zustand der Verwandlung. Neben der körperlichen Geburtshilfe liegt die Aufgabe der Hebamme vor allem darin, die Mutter und den Säugling vor bösen Geistern und übelwollenden Menschen zu beschützen und für ihrer beider Sicherheit zu sorgen. Dies tut sie durch das Murmeln von Schutzformeln und durch Riten, die von Hebamme zu Hebamme weitergegeben werden. Hebammen führen oft auch Medikamente und Kräuter mit sich, die sie selbst zusammenstellen und die die Geburt erleichtern sollen.

Sobald sich die Abstände zwischen den Wehen – arabisch *talq* (wörtlich: frei, offen sein) – verkürzen, werden zwei Steine und etwas Erde herbeigeschafft. Die Erde wird vor der Gebärenden aufgebreitet. Sie soll das Blut und das Wasser aufsaugen, um es der Muttererde wieder zurückzugeben. Einer der Steine ist für die werdende Mutter, der andere für die Hebamme.

Manchmal wird eine Grube vorbereitet, die für das Neugeborene bestimmt ist. Wenn dies nicht möglich ist, so erfüllt diese Funktion eine große Schale, die mit Fellen beziehungsweise Tüchern ausgelegt wird. Die Frauen setzen sich in einen Kreis um die werdende Mutter. Mit leisen, sanften Stimmen beginnen sie zu singen und vollführen dabei wellenförmige Bewegungen mit ihrem Bauch. Es sind kontrahierende Bewegungen, ähnlich den Kontraktionen des Bauches bei den Wehen. Diese sanften Bewegungen werden immer wieder durch ein ruckartiges Einziehen und Ausstoßen des Bauches begleitet. Die werdende Mutter steht dabei immer wieder auf und begleitet sie, um sich daraufhin wieder niederzulassen. Die Geburt ist ein Moment der großen

Wandlung, und die Frauen imitieren die Geburtsbewegungen, um der werdenden Mutter bei der Öffnung für diese überwältigende Kraft zu helfen. Ihr Keuchen und Stöhnen wird in den steten Rhythmus der Frauen eingebettet, deren Anwesenheit und deren Tanz die Gebärende in den Zustand der Trance versetzen, der ihr hilft, den Schmerz zu ertragen, ihn in Kraft umzusetzen, ihrem Körper zu vertrauen und sich hinzugeben. Ihre Schmerzen im Rücken und im Kreuzbein werden durch das Rollen und Kreisen des Beckens sowie durch das sanfte Schütteln der Hüften gelindert. Ihr Körper kann somit den Schmerz besser aufnehmen beziehungsweise loslassen.

Wenn die Geburt lange andauert und man dies auf die falsche Position des Kindes zurückführt, stehen vier Frauen auf. Ein Teppich wird geholt, jede nimmt ein Ende davon, die Schwangere legt sich darauf und wird geschüttelt und gerollt, bis das Kind richtig liegt.

In der letzten Phase, wenn es zu den Preßwehen kommt, kann die werdende Mutter verschiedene Positionen einnehmen. Entweder sie stellt sich, unterstützt von den Frauen, über die Grube, die das Neugeborene empfängt, oder sie hockt sich, von hinten gestützt, auf die Kante des Steines. Manchmal wird auch ein Seil an der Decke befestigt, an dem sie sich festhalten kann. Das Kind rutscht dann, von der Hebamme empfangen, in die Grube.

Schwester Nachgeburt

Die Hebamme fängt das Kind auf und wickelt es in ein Tuch. Nun wird die Nachgeburt erwartet. Sollte sie nicht gleich kommen, wird das eine Ende eines Fadens an der Nabelschnur festgebunden, das andere Ende an der großen Zehe der Mutter. Indem sich nun die Mutter streckt, zieht sie die Nachgeburt heraus. Manchmal bläst sie dabei zusätzlich in eine Flasche, um den Prozeß zu erleichtern.

Eine andere Möglichkeit ist, daß sich die Hebamme Tücher um den Kopf wickelt und diesen gegen den Bauch der Mutter preßt. So kommt die Nachgeburt heraus.

Die Nachgeburt wird im Arabischen „Schwester" genannt, und die Hebamme spricht zärtlich zu ihr, während sie auf sie wartet. Wenn die Nachgeburt kommt, wird sie eingewickelt und später vergraben – meist übernachtet sie noch neben dem Kind –, so wie auch die Erde, die vor der Gebärenden verteilt worden ist, eingesammelt und vergraben wird. Der Bauch der Mutter wird entweder kurz nach der Geburt fest eingebunden oder von einer erfahrenen Frau massiert, sodaß die Knochen wieder auf ihren rechten Platz zurückkehren. Das Kind bleibt eingewickelt, manchmal auch verschnürt neben der Mutter, die es alsbald an die Brust legt. Das Verschnüren des Kindes dient dazu, es zu schützen und die Muskeln zu stärken. Kurz nach der Geburt bekommt die Mutter ungesüßten Kaffee und anschließend Hühnersuppe.

Bei Muslimen wird das Neugeborene noch ein letztes Mal von der Hebamme hochgehoben, und sie flüstert ihm das islamische Glaubensbekenntnis zum ersten Mal ins Ohr: „Es gibt keinen Gott außer Allah und Muhammad ist sein Gesandter."

In der ersten Woche nach der Geburt kommt die Hebamme täglich vorbei und erkundigt sich nach der Mutter und dem Kind. Nach der zweiten Woche werden die Besuchsabstände größer, doch sie kommt weiterhin, bis die ersten vierzig Tage vorüber sind. In dieser Zeit erhält die junge Mutter auch Unterstützung durch die Frauen, bis sie wieder bei Kräften ist.

Willkommen bei uns – das *tulu'*-Fest!

Nach dem vierzigsten Tag verändert sich die Situation. Bis zu diesem Tag werden die Frau und ihr Kind besonders behutsam behandelt, da man der Meinung ist, daß die beiden bis zu diesem Moment noch in Gefahr schweben. Die Mutter bekommt während all dieser Zeit besonders nahrhaftes Essen und wird weiterhin von den weiblichen Verwandten und Nachbarinnen umsorgt und gepflegt. Sie wird in dieser Zeit *nafas* genannt, was so viel bedeutet wie „Hauch, Atem", denn man glaubt, daß sie immer noch zwischen Leben und Tod steht, da ihr Körper noch nicht ganz „geschlossen" ist, die Knochen noch nicht auf ihrem üblichen Platz sind und das Blut noch fließt. Manchmal wird die Mutter in dieser Phase weiterhin von einer erfahrenen Frau massiert.

Nach dem vierzigsten Tag darf sie sich wieder normal bewegen, Geschlechtsverkehr haben, die Gebetsrituale einhalten, mit den üblichen Tätigkeiten beginnen und – wenn möglich – erst jetzt das Haus verlassen. Dieser Tag wird oft mit einer großen Waschungszeremonie begonnen.

In vielen Ländern wird am vierzigsten Tag ein großes Fest für das Kind veranstaltet. Erst jetzt bekommt es einen Namen zugesprochen. Dieses Fest wird *tulu'* genannt, was wörtlich bedeutet: „herauskommen, aufgehen, sichtbar werden". Dieses Fest heißt das Kind als neues Mitglied der Gemeinschaft willkommen. Es wird nun offiziell vorgestellt.

Bei den Beduinen herrscht der Brauch, daß man das Kind auf die ausgestreckten Beine einer alten Beduinin legt, einer Frau, die für ihre noblen Eigenschaften bekannt ist und hinter der viele Männer stehen, seien es Söhne, Onkel oder Brüder, denn dies wird als Zeichen von Stärke und Wohlhabenheit angesehen. Die alte Frau spricht ihren Segen über das Kind, und wenn es ein Mädchen ist, bekommt es ihren Namen. Ein Junge erhält entweder den Namen seines Großvaters oder den eines angesehenen, mutigen Mannes. Es werden auch ein Schwert und ein Kamel – heute auch ein Jeep oder ein teures Auto – herbeigeholt und neben ihn gestellt, beides Symbole von Mut, Reichtum und Stärke, die auch er einmal besitzen soll. Dann wird gemeinsam gegessen und getrunken, und jeder geht seines Weges.

Der Trance-Tanz

Der Trance-Tanz ist eine Zeremonie, die zur spirituellen oder psychischen Heilung einer Person dient. Die Probleme dieser Person können sich von unterdrückten Wünschen oder Bedürfnissen herleiten oder von Verdrängungen, bedingt durch soziale Gegebenheiten. Die betroffene Person hat also ein Problem, das seinen Platz im Spirituellen hat, und es geht darum, diesen Menschen wieder ganz zu machen, zu heilen. Die Leiterin einer solchen Zeremonie ist in der Regel eine erfahrene alte Frau, die *shaykha* (alte Herrin) oder *alima* (Wissende) genannt wird. Ihr werden besondere hellseherische Fähigkeiten zugeschrieben. Sie ist die Vermittlerin zwischen der kranken Person und den Geistern, die diese Krankheit verursacht haben. Sie weiß, welcher Geist angerufen werden muß, was seine Vorlieben sind und welcher Rhythmus ihn hervorbringt. Sie selbst schlägt meist den Rhythmus auf dem *daff*, einer einfelligen Rahmentrommel, die sie mit der linken Hand vertikal hält und mit der rechten schlägt. Sie schüttelt die Trommel und schlägt sie auch gegen ihren Körper. Wenn sie selbst in Trance verfällt, spricht der Geist oder Dschinn durch sie und vermittelt seine Wünsche und die Bedingungen, aufgrund deren er die betroffene Person verlassen beziehungsweise ihr Ruhe gewähren würde.

Während der Zeremonie spielen die Musiker verschiedene Rhythmen. Wenn der richtige – derjenige, der die Seele der betroffenen Person anspricht – kommt, steht diese von selbst auf und beginnt zu tanzen. Der Kopf der Person wird meist mit einem Tuch bedeckt, damit die Außenwelt sie nicht ablenkt. Der Trance-Tanz ist kein Unterhaltungstanz. Er dient ausschließlich dazu, den Körper zu heilen und dem Menschen zu helfen. Alle Menschen, die bei einer solchen Zeremonie anwesend sind, haben die Aufgabe, den „Kranken" zu unterstützen, so weit sie können. So stehen manche als Helfer um ihn herum, stützen ihn, falls er umfällt, oder halten einen Zipfel seiner Kleidung, um ihn zu vergewissern, daß er nicht alleine ist und daß alle Anwesenden – Verwandte, Freunde und Unbekannte – hinter ihm stehen.

Wenn die Person in Trance verfällt, wirft sie das Tuch ab, und der Geist, der das Ungleichgewicht hervorgerufen hat, kann zum Verlassen der Person gebracht werden. Meist verlangt er ein Opfer in Form von Hühnern oder Hasen, die für diesen Zweck schon vorbereitet worden sind. Weihrauchschwaden verhängen den mit Kerzen beleuchteten Raum. Blumen, Nüsse, Obst und Süßigkeiten werden in Schalen vorbereitet. Das Blut der geopferten Tiere wird in einer Schale gesammelt. Die *shaykha* wäscht ihre Hände darin und beschmiert ihr Gesicht und das der betroffenen Person damit. Die Tänze werden jetzt wilder. Auch die Anwesenden können sich daran beteiligen. Wenn der Dschinn den Körper verlassen hat, bricht die Person meist erschöpft zusammen und wird dann liebevoll von den Anwesenden in den Armen gehalten und mit Rosenwasser besprengt. Dies dient dazu, sie wieder in die Wirklichkeit zurückzuholen.

Ein solches Ritual, das an alte magische Zeremonien erinnert, kann mehrere Stunden andauern. Nach der Zeremonie, die die „erkrankte" Person meist selbst finanzieren muß, kann es zu weiteren kleineren Zusammenkünften kommen. Wann immer die Person das Bedürfnis danach verspürt, kommt sie wieder zur *shaykha*.

Solche Zeremonien findet man heutzutage noch in Nordafrika und in anderen arabischen Ländern. Sie variieren zum Teil in ihrer Reihenfolge und Intensität sowie im Zeitpunkt ihrer Ausführung (manche werden nur tagsüber nach Sonnenaufgang, andere erst nach Sonnenuntergang ausgeführt), doch im großen und ganzen ähneln sie einander und erfreuen sich vor allem bei den Frauen großer Beliebtheit. In Ägypten nennt man solche Zeremonien *zaar*, in Algerien *jarjabous*, in Tunesien *stimbali*. In Marokko führt vor allem der Stamm der Gnawa, der Äthiopien als sein Ursprungsland bezeichnet, diese Zeremonien aus. Die Musikinstrumente, die dabei Verwendung finden, die Bewegungen der Vortänzer sowie die Farben ihrer Kleider spielen eine wichtige Rolle. Das Opfertier, meist ein Schaf, wird schon vorher geschlachtet und zu Beginn der Zeremonie gemeinsam mit Reis, der mit Rosinen und Pflaumen vermischt ist, sowie mit Fladenbroten und Joghurt von allen Gästen gemeinsam gegessen. Dann klingt die Musik an, und die Vortänzer beginnen mit ihrem rituellen Tanz, bei dem jede Bewegung eine Bedeutung hat.

In einer vorbestimmten Reihenfolge erhalten während des Tanzes alle sich Beteiligenden verschiedenfarbige Kleider übergezogen, und sowohl die Farbe, die einen anspricht, wie auch der Rhythmus, der einen dazu bringt, aufzuspringen und mitzutanzen, geben Aufschluß über den Zustand des Tänzers. So steht die Farbe Schwarz für die Geister der Erde, Rot für die des Feuers, Weiß für die der Luft und Blau für die des Wassers. In Trance kann es dazu kommen, daß sich manche Menschen mit Messern schneiden oder sich Schwerter durch den Bauch ziehen. Erstaunlicherweise sind nach solchen Zeremonien keine Wunden zu sehen.

Das wichtigste Ziel der Trance ist es, sich von negativen Emotionen und Bedrückungen zu befreien. Sie wird aber auch zelebriert, wenn es darum geht, erlittenes Unheil – wie zum Beispiel Fehlgeburten oder Unfälle – zu „verarbeiten". Man kann eine solche Zeremonie auch mit einem noch nicht erfüllten Wunsch beginnen, in der Hoffnung, daß sich durch die „Reinigung" eine Wandlung vollziehen wird. Bei den Gnawas wird – wie bei fast allen Trance-Tänzen – meist keine Separation der Geschlechter durchgeführt. Es ist die Seele, die im Vordergrund steht, und alle beteiligen sich als Mithelfer oder Praktizierende an einer solchen Heilung. Die Trance-Tänze, die von Sonnenuntergang bis Sonnenaufgang anhalten, werden immer von einem Meister geleitet, während die von Sonnenaufgang an gehaltenen von einer Meisterin, einer *lalla*, geführt werden.

Der Klagetanz

Aus der Leibeshöhle der Frau kommt der Mensch, und in die Leibeshöhle der Erde kehrt er zurück.

Wenn geliebte Menschen von uns gehen, können der Schmerz und die Leere, die sie hinterlassen, so überwältigend sein, daß sie kaum erträglich sind und das Herz zu erdrücken scheinen. Geist und Körper sind von so großer Trauer durchtränkt, daß sich alles wie eine einzige große Wunde anfühlt. Um diesen Schmerz abzuleiten, beginnt der Körper ganz von selbst in eine monotone Bewegung des Rumpfes zu verfallen, in ein andauerndes Vor und Zurück. Ich habe oft miterlebt, wie Frauen am Grab eines Geliebten standen und in fast unsichtbarer Weise ihren Körper vor und zurück bewegten, ganz so, wie es manche Völker im Gebet tun oder auch sogenannte geisteskranke Menschen. Im dauernden Vor und Zurück versetzen sie sich in die Trance der schwarzblauen Trauer, ihr Gesicht von aller Welt durch einen Tränenschleier getrennt, mit Augen, die nur nach innen sehen.

Auf der Erde sitzend, bewegen sich ihre Oberkörper leise, um ihre Mitte kreisend. Aus dem Bauch des Lebens fließen ihre Stimmen wehklagend zum Himmel. Den Blick nach innen gekehrt, holen sie den Schmerz aus der Tiefe ihrer Seele, um ihm durch ihre Körper Ausdruck zu verleihen. Sie fallen auf die Knie, und die Bewegung geht in ein Zirkulieren des Oberkörpers über. Wie entlang einer Spirale gehen sie immer tiefer in diese abgeschiedene Welt hinab, um sich abermals aufzubäumen und an der Erde festzukrallen, als wollten sie den geliebten Menschen wieder herbeiholen. Das leise Schluchzen, Winseln und Stöhnen kommt aus der tiefen Höhle des Bauches und wird vom Schmerz der Seele hervorgeholt. Immer wieder kommen die Frauen zusammen, um die Trauer durch das gemeinsame Kreisen ihrer Körper zu ertragen. So wird jede für die andere zur Schale, in die sie ihren Schmerz und ihr Leid gießen kann. Durch das Naß ihrer Tränen erwacht die Erde immer wieder zu neuem Leben; durch die sanften Bewegungen des Lebens trotzen die Frauen dem Tod und tragen so die Seele des Toten sanft hinüber in eine andere Seinswelt.

Drei Tage und drei Nächte lang werden Trauernde intensiv und ganz in ihrem Schmerz begleitet. Aller Schmerz, bis in die tiefsten Räume der Seele, soll ausgegossen und haltlos erlebt werden. Keine Träne soll zurückgehalten, kein Wehklagen und kein Aufschrei soll erstickt werden. Nur so kann sich die Seele wieder erheben, gereinigt durch das Salz der Tränen. In dieser Zeit werden die Trauernden nicht alleine gelassen, und man hält alle Arbeit von ihnen fern. Auch in den Tagen danach ist stets jemand bei ihnen, und sie beginnen nur langsam, ihren Tätigkeiten wieder nachzugehen.

Abschied und Verlust sind immer mit Schmerz verbunden; dies muß nicht nur der Verlust eines Geliebten sein. Jede Veränderung im Leben eines Menschen fordert den Tod des Vergangenen; die Brücke zum Neuen, über den Fluß der Angst, bilden der Schmerz und die Trauer. Die Form des Klagetanzes – und ich nenne ihn Tanz, da der ganze Mensch, sein Geist, seine Seele sowie sein Körper, an diesem Ausdruck beteiligt ist – hilft über die Grenzen des eigenen Schmerzes hinweg und bietet Trost, der aus der Tiefe des Einzelnen zu der höheren Ebene des Verständnisses des Ganzen reicht.

So tanze, Schwester, immer wieder für das Leben und gegen den Tod, und weine und wisse, daß auch wir in jeder Träne deiner Trauer sind.

Epilog

Die Tänze und Rituale, die hier beschrieben sind, sollen als Inspiration dienen und vielleicht so manche Frau dazu bringen, eigene Rituale in ihr Leben einzubauen. So bestehen beispielsweise in allen Gesellschaften und Schichten Hochzeitsrituale; doch wie steht es mit Scheidungsritualen, wenn zwei Menschen sich dazu entschließen, wieder verschiedene Wege zu gehen? In einer Zeit, in der solche Trennungen öfter vorkommen als früher, weil die Menschen weniger bereit sind, Kompromisse einzugehen, und weil die ökonomische Abhängigkeit von einander nicht mehr als Hinderungsfaktor besteht, sollten auch die Rituale den neuen Gegebenheiten angepaßt werden. Und was ist mit den Ritualen für unsere Jugendlichen? Welche Initiationen können wir ihnen geben, um ihnen zu helfen, ihren Weg zu finden und mit ihrer inneren Kraft verbunden zu sein?

Wir leben in einer hektischen und lauten Zeit, in der die Stimme und die Würde des einzelnen Menschen oft überhört beziehungsweise übergangen werden und die Einsamkeit der Preis ist, den wir dafür bezahlen. Warum nehmen wir nicht Sitten und Gebräuche anderer Kulturen unter die Lupe und lassen uns von ihnen inspirieren, um eigene neue Formen zu finden und der Entmenschlichung entgegenzuwirken?

Wenn ich die Frauen in den beiden mir bekannten Kulturen, der arabischen und der westlichen, beobachte, so sehe ich in einer die Frau, die sich ihrer Weiblichkeit voll bewußt ist, aber diese nur in einem vorbestimmten Rahmen ausleben darf, ohne ihre männliche Seite ausleben zu können, und ich sehe in der anderen die aktive, auf ihren eigenen Beinen stehende Frau, die ihre Weiblichkeit herunterspielt in dem aufrichtigen Versuch, ernstgenommen zu werden.

Sieh hinüber, Schwester, und laß dich nicht durch Vorurteile in deiner Inspiration, in deiner Kreativität und deinem Handeln hemmen!

Die niedergeschriebene Geschichte ist eine männliche Geschichte, in der Errungenschaften, Kriege, Eroberungen und Niederlagen aufgeschrieben werden – mit anderen Worten: Macht. Zeit und Raum werden durch äußere Ereignisse geformt und gekennzeichnet. Entwicklungen der Menschheit und deren Evolution werden an diesen Ereignissen und Geschehnissen gemessen.

Die Geschichte wurde uns bis jetzt als lineare Entwicklung aufgezeigt, die sich von der Vorgeschichte über die Antike und das Mittelalter bis zur Neuzeit hin entwickelt hat, wobei die europäisch-christliche Geschichte als bisher höchste Entwicklung der Menschheit betrachtet wird.

Diese naive und veraltete Darstellung der Geschichte kann zu einer diskriminierenden Auffassung führen, da sie alle vorherigen beziehungsweise parallelen Entwicklungen als minderwertig ansieht. Dies ist eine oberflächliche Auffassung, die einen sehr essentiellen Aspekt übersieht.

Eine äußere Entwicklung kann nur anhand einer inneren gemessen werden. Diese innere Entwicklung ist die des Bewußtseins. Das Entwicklungsstadium des menschlichen Bewußtseins ist ein entscheidendes Phänomen der Menschheitsgeschichte. Wenn wir die Geschichte durch das Auge der menschlichen Entwicklung, also der Entwicklung des Bewußtseins betrachten, dann ist sie nicht mehr eine gerade Linie beziehungsweise Kette, an der die einzelnen Glieder je nach Stellung bewertet werden, sondern es entsteht eine Ganzheit, die die einzelnen Kulturen schätzt und sie als Bereicherung auffaßt. Die Vielfalt der Kulturen, Religionen und Lebenseinstellungen kann somit nebeneinander existieren und sich gegenseitig inspirieren; eine Menschheits-Familie, in der die einzelnen Individuen eine gegenseitige Inspiration auslösen und somit zur weiteren Bewußtseinsentwicklung des Menschen dienen.

Es gibt so viele Menschen auf der Erde wie nie zuvor, und wir sind einander durch die technischen Möglichkeiten der Medien und Transportmittel so nahe gerückt, daß wir binnen kürzester Zeit Informationen und Berichte austauschen können. Theoretisch gesehen hat uns dies bereichert und könnte zu einem besseren Verständnis unter uns Menschen führen, zu gegenseitiger Bereicherung und Ergänzung. Dies ist aber nur dann der Fall, wenn wir die Verschiedenartigkeit der Kulturen und deren Lebensweisen respektieren und ihre „Andersartigkeit" als solche schätzen, ohne zu urteilen oder zu beurteilen. Dazu muß sich ein neues Bewußtsein unter den Menschen verbreiten; ein Bewußtsein, das erkennt, daß wir eine Einheit bilden, ein einziger „lebendiger" Organismus sind, sich ewig wandelnd und verändernd, einer vom anderen profitierend und durch ihn ausgelöst. Denn wer kann sagen, daß der Elefant großartiger ist als die Ameise? Eine lineare Einstellung zu den verschiedenen Kulturen kann leicht zur Uniformität führen, zum Aufsaugen beziehungsweise zur Verachtung anderer Formen der Existenz. Wir dezimieren so freiwillig die bunte Vielfalt der Blumen im Garten Erde und reduzieren sie auf eine einzige Art, um dann auch dieser überdrüssig zu werden. Doch manchmal scheint das Verstehen und Nachdenken so schwer zu sein, daß es leichter und einfacher ist zu urteilen. Warum nicht das „Zivilisierte" in uns mit dem „Primitiven" und Einfachen vereinen? Wenn wir davon ausgehen, daß wir eine Einheit beziehungsweise Ganzheit bilden, dann ist damit nicht eine Uniformität gemeint, sondern eine Gleichheit in ihren mannigfaltigen Manifestationen. Und was uns Menschen betrifft, so ist es die einheitliche Sehnsucht des Menschen nach dem Leben, nach dem Sinn des Lebens. Jeder von uns, eingebettet in seiner Kultur und seinem Lebensraum, gibt diesem Streben und Sehnen ein anderes Gesicht und bietet eine andere Sicht und Lösung an. Es ist, als ob mehrere Menschen um einen Apfel sitzen und jeder seine Seite sieht und beschreibt. Alle Seiten sind für sich wahr. Solange wir aber im Kreis sitzen, stellen wir Vermutungen an, doch das Geheimnis sitzt in der Mitte und weiß. Ein arabisches Märchen erzählt:

Eines Tages wurde verkündet, daß ein neues, noch nie gesehenes Wesen eingefangen und in einem Zelt untergebracht worden sei. Die Neugierde der Bewohner war so groß, daß sie es nicht erwarten konnten, bis zum nächsten Tag auszuharren. Es war eine mondlose Nacht und stockdunkel. Vier von ihnen schlichen sich in das Zelt; und jeder berührte das Tier an einer anderen Stelle. Einer betastete es und sagte: „Dieses Wesen ist wie ein großer, flatternder Schmetterling!"; ein anderer faßte einen anderen Teil an: „Es ist wie ein riesiger Wurm!" Der dritte wiederum tastete anderswo und murmelte: „Es ist groß und schwer wie ein Baumstamm!" Der vierte, der noch einen anderen Teil berührte, war davon überzeugt, daß es wie ein Besen aussah. Sie stahlen sich wieder davon und berichteten den Einwohnern ihre Eindrücke. Jeder war von seiner Beschreibung überzeugt und empört und wütend über die Falschheiten der anderen. Man beschimpfte sich ge-

genseitig und nannte den anderen einen Lügner. Ein weiser alter Mann unterbrach diese Auseinandersetzung mit den Worten: „Warten wir ab, bis wir dieses Wesen morgen sehen!" Am nächsten Tag waren schon alle ungeduldig vor dem Zelt versammelt. Als man das Tier herausführte, ging ein „Aaah!" durch die Menge, und alle lachten freudig auf. „Es ist wie ein Schmetterling, aber nur teilweise!" „Es ist wie ein Wurm, aber nur teilweise!" „Es ist wie ein Baumstamm, aber nur teilweise!" „Es ist wie ein Besen, aber nur teilweise!" „Ihr habt alle recht gehabt", sagte der weise alte Mann, „doch eben nur teilweise, gemeinsam ist euer teilweises Rechthaben größer, und ihr versteht!" Das Tier, das konnten sie jetzt alle klar sehen, war ein Elefant ...

Wir leben in einer Zeit, in der Traumata und Spannungen herrschen und nach einer neuen Ordnung verlangen.

In der einen Hälfte der Welt hungert die Menschheit nach Nahrung und ist von diesem Zustand so niedergeschlagen, daß sie kaum den Kopf heben kann, um andere Dimensionen zu erkennen. Erstaunlicherweise herrscht in dieser Hälfte der Welt mehr Glauben und Vertrauen als in der anderen. Der Glauben, daß es für jeden einen vorgeschriebenen Weg gibt, hebt die Menschen über ihren Kummer und über den Materialismus hinaus, versetzt sie aber in einen Zustand des Hinnehmens und Abwartens, der die Gabe und Kunst des Sich-Fallen- und Fließen-Lassens stimuliert, die Gabe der Aktivität und der freien Wahl aber einschränkt. Die Seele lernt im Osten fliegen, doch der Körper wird durch die Lebensumstände bis zum äußersten strapaziert. Der Glaube hilft den Menschen, über die kurze Spanne des Lebens hinauszuwachsen. „Leben" ist für sie nicht durch Geburt und Tod beschränkt, sondern besteht in anderer Form auch vorher und nachher, und das Leben auf Erden bildet einen Abschnitt dessen. Der Druck der Zeit fällt ab, der Lauf des Lebens wird fließender und simpler, und man kann die Dinge geduldiger hinnehmen. Vielleicht wächst daraus die Dankbarkeit auch für die kleinen Dinge im Leben, da nichts selbstverständlich ist. Oft wird aber dadurch das Hinterfragen der Dinge ignoriert, und man beschäftigt sich kaum mit der eigenen Kreativität und Kraft, doch das ist nicht der Sinn. Denn ohne die eigene Kraft und das Wissen ist das Finden des Selbst nicht möglich.

Die andere Hälfte der Welt wiederum hungert nach Glauben, Vertrauen und Spiritualität. Gesundheit, Vitalität, Prestige, Reichtum und

Erfolg sind die Normen dieser Hälfte. Der Mensch ist alles und braucht außer sich selbst niemanden. Das stimmt auch, aber das Wie muß erst verstanden werden.

Alle sichtbaren Elemente eines Menschen spielen eine Rolle; um die innerliche Menschwerdung kümmert man sich kaum. Sie zählt nicht, da sie sich nicht offensichtlich manifestiert. Doch wie soll der Mensch wachsen und zu seiner inneren Kraftquelle finden, wenn ihm niemand erzählt oder gezeigt hat, daß er eingebettet ist in die Große Seele, daß er ein Kind ist im ewig gebenden Schoß. Woher seinen Weg finden und Vertrauen haben?

Im industriellen Herrschaftssystem sind Einordnung, Konsum, Vergnügen und Ablenkungen die hauptsächlichen Bestimmungen. Der Verstand wird hochgepriesen, doch das Gefühl des Bauches meist verdrängt. Die Menschheit besteht für die meisten nur mehr aus ihren eigenen Kindern, nahen Verwandten und guten Freunden. Ihre Mitbürger sind Fremde, und seien sie physisch noch so nah; weder sehen sie sie, noch kommen sie mit ihnen in Kontakt. Sie leben in ihrer kleinen, konstruierten Welt, Fremde unter Fremden, und das einzige, das sie alle gemeinsam besitzen, ist die Liebe zur öffentlichen Ruhe und die Furcht vor jeglicher Veränderung. Viele wissen nicht, wo sie relativ zu sich und zum Leben stehen. Sich für den Nächsten verantwortlich und sich eins mit ihm zu fühlen, Ehrfurcht zu verspüren, sind Gedanken und Bedürfnisse, die in diesem System keinen Platz haben. Hat also auch Liebe hier keinen Platz mehr?

„Liebe heißt", wie Erich Fromm es so treffend formuliert hat, „daß wir uns dem anderen ohne Garantie ausliefern, daß wir uns der geliebten Person ganz hingeben in der Hoffnung, daß unsere Liebe auch in ihr Liebe erwecken wird."[46]

Sich selbst kennenzulernen ist die Basis allen Verstehens. Der „Tanz um das eigene Selbst" – der nicht zu einem falsch verstandenen Narzißmus degenerieren darf – kann dazu führen, innere Weisheit zu finden.

Der heutige Mensch weiß zwar mehr über seine Welt, aber versteht er sie auch besser? Wenn der Mensch nichts vom Sein weiß, ist auch seine Intelligenz blind. Doch wenn sich der Mensch in das große Mysterium von Sein und Nicht-Sein einbettet, beginnt er, seine Glückseligkeit hier auf Erden zu formen.

Wenn ein Mensch in sich die Einheit findet, antwortet ihm alles in seiner Umgebung, vor allem die Natur. Wenn in dieser Welt nur solche Wesen der Einheit lebten, wäre sie unser Paradies.

Literaturverzeichnis

Al-Shaduli, Shaykh Muhammad Al-Jamal Al-Rifai (1995): Fruits from the Tree of Life. Santa Fe

Bachofen, Johann J. (1948): Gesammelte Werke. Bd. II. Basel

Behrendt, Joachim Ernst: Muscheln in meinem Ohr. Hörspiel. CD

Bornemann, Ernest (1991): Das Patriarchat. Ursprung und Geschichte unseres Gesellschaftssystems. Frankfurt am Main

Borst, Arno (1979): Lebensformen im Mittelalter. Frankfurt am Main

Brunner, Otto (1978): Vom „ganzen" Haus zur „Familie". In: Rosenbaum, Heidi (Hrsg.): Seminar: Familie und Gesellschaftsstruktur. Frankfurt am Main

Buonaventura, Wendy (1994): Serpent of the Nile. Women and Dance in the Arab World. New York

Cahen, Claude (1982): Der Islam. Frankfurt am Main

Capacchione, Lucia (1990): Die Kraft der anderen Hand. München

Chishti, Shaykh Hakim Moinuddin (1985): The Book of Sufi Healing. New York

Dhondt, Jan (1995): Das frühe Mittelalter. Frankfurt am Main

Estés, Clarissa Pinkola (1993): Die Wolfsfrau. Die Kraft der weiblichen Urinstinkte. München

Feldenkrais, Moshe (1989): Das starke Selbst. Zürich

French, Marilyn (1988): Jenseits der Macht. Frauen, Männer und Moral. Reinbek bei Hamburg

Fromm, Erich (1980): Die Kunst des Liebens. Frankfurt am Main – Berlin

Ghazal, Eluan (1993): Der heilige Tanz. Orientalischer Tanz und sakrale Erotik. Berlin

Gleede, Edmund (1976): „... ich empfinde Menschen stark". Edmund Gleede sprach mit der Wuppertaler Ballettchefin. In: Koegler, Horst (Hrsg.): Ballett 1975. Chronik und Bilanz eines Ballettjahres. Velber bei Hannover

Göttner-Abendroth, Heide (1982): Die tanzende Göttin. Prinzipien einer matriarchalen Ästhetik. München

Göttner-Abendroth, Heide (1990): Für die Musen. Neun Essays. Frankfurt am Main

Hegers, Ulrike (1991): Bauchtanz. Frauen finden ihren Rhythmus. Düsseldorf

Ichazo, Oscar (1990): Lebenskraft aus der Mitte. München

Klein, Gabriele (1994): FrauenKörperTanz. Eine Zivilisationsgeschichte des Tanzes. Berlin

Neumann, Erich (1974): Die große Mutter. Olten

Sachs, Curt (1976): Eine Weltgeschichte des Tanzes. Hildesheim – New York

Schimmel, Annemarie (1985): Mystische Dimensionen des Islam. Köln

Servos, Norbert (1989): Tanz-Lust oder Totentanz? Gedanken zur Bewegungsfreiheit im Tanz. In: ballett international, 12. Jg., Nr. 7/8

Touma, Habib Hassan (1975): Die Musik der Araber. Amsterdam

York, Ute (1993): Mondstrahlen. Ein praktischer Ratgeber zur Nutzung der geheimnisvollen Kräfte des Mondes. München

Anmerkungen

1. Göttner-Abendroth 1982, S. 45 ff.
2. Göttner-Abendroth 1990, S. 103 f.
3. York 1993, S. 156.
4. Ebd., S. 159.
5. Vgl. Neumann 1974, S. 167.
6. York 1993, S. 303.
7. Ebd., S. 159.
8. Klein 1994, S. 23.
9. Sachs 1976, S. 166.
10. Klein 1994, S. 38.
11. Ebd., S. 44.
12. Vgl. Dhondt 1995, S. 9.
13. Borst 1979, S. 70.
14. Ebd., S. 71.
15. Ebd., S. 71.
16. Klein 1994, S. 57.
17. Vgl. Buonaventura 1994, S. 38.
18. Vgl. ebd., S. 94.
19. Klein 1994, S. 65.
20. French 1988, S. 260.
21. Klein 1994, S. 71.
22. Ebd., S. 128.
23. Brunner 1978, S. 89.
24. Klein 1994, S. 87.
25. Ebd., S. 81.
26. Ebd., S. 165.
27. In: Gleede 1976.
28. Servos 1989, S. 33.
29. Klein 1994, S. 268.
30. Hegers 1991, S. 22.
31. Ebd., S. 26 f.
32. Fromm 1980, S. 140.
33. Estés 1993, S. 122.
34. Fromm 1980, S. 11.
35. Vgl. Feldenkrais 1989, S. 135.
36. Touma 1975, S. 57 f.
37. Ebd., S. 59.
38. Auszüge aus „Muscheln in meinem Ohr" von Joachim Ernst Behrendt.
39. Schimmel 1985, S. 16.
40. Cahen 1982, S. 272.
41. Die hier erläuterten Einteilungen halten sich an Chishti 1985 sowie an die mündlichen Aussagen des Shaykh Muhammad Al-Jamal Al-Rifai Al-Shaduli.
42. Vgl. Ichazo 1990, S. 75.
43. Vgl. auch die einfühlsame Erläuterung in Ghazal 1993, S. 79.
44. Feldenkrais 1989, S. 266.
45. Bachofen 1948, S. 18.
46. Fromm 1980, S. 140.

ETHNOLOGIE
im Promedia-Verlag

Eva Fels:
„Auf der Suche nach dem dritten Geschlecht"
Bericht über eine Resie nach Indien
und über die Grenzen der Geschlechter
304 S., bebildert, 19,90 Euro
ISBN 978-3-85371-233-7

Lewis H. Morgan:
„Die Urgesellschaft"
Untersuchungen über den Fortschritt der Menschheit aus der
Wildheit durch die Barbarei zur Zivilisation
480 S., 26,90 Euro; 48.- sFr.
ISBN 978-3-900478-16-2

Karl Wernhart/Werner Zips (Hg.):
„Ethnologie"
Rekonstruktion und Kulturkritik. Eine Einführung
240 S., 17,90 Euro; 31,70 sFr.
ISBN 978-3-85371-128-6

Werner Zips/ Heinz Kämpfer:
„Nation X"
Schwarzer Nationalismus, Black Exodus & Hip Hop
432 S., farbig bebildert, 29,90 Euro
IBSN 978-3-85371-180-4

Andreas Hofbauer:
„Afro-Brasilien"
Vom weißen Konzept zur schwarzen Realität
320 S., reich, tw. farbig bebildert, 21,90 Euro; sFr. 39,30
ISBN 978-3-85371-102-6

ORIENTALISCHES
im Promedia-Verlag

Rosina-Fawzia Al-Rawi:
„Zwischen Tisch und Diwan"
Ein orientalisches Kochbuch
Zweite, neu durchgesehene Auflage
232 S., 17,90 Euro; 31,70 sFr.
ISBN 978-3-85371-155-2

Peter Feldbauer:
„Die islamische Welt 600 - 1250"
Ein Frühfall von Unterentwicklung?
620 S., historische Karten, Großformat, 39,90 Euro, 64.- sFr.
ISBN 3-900478-92-9

Gertrude Bell:
„Miniaturen aus dem Morgenland"
Reiseerinnerungen aus Persien und dem Osmanischen Reich 1892
224 S., gebunden mit Lesebändchen,
mit alten Stichen reich bebildert,
21,90 Euro, 39,30 sFr.
ISBN 3-85371-125-1

Ulrike Keller (Hg.):
„Reisende in Arabien (25 v. Chr.–2000)"
Kulturhistorisches Lesebuch
232 S., mit Landkarte,
17,90 Euro, 31,70 sFr.
ISBN 3-85371-193-6

Ida Pfeiffer:
„Reise in das Heilige Land"
Konstantinopel, Palästina, Ägypten im Jahre 1842
288 S., gebunden mit Lesebändchen,
mit alten Stichen reich bebildert,
21,90 Euro, 39,30 sFr.
ISBN 3-900478-98-8